《论语》里孔子的教育智慧

何伟俊 著

广西教育出版社
南宁

图书在版编目（CIP）数据

《论语》里孔子的教育智慧 / 何伟俊著. -- 南宁 : 广西教育出版社，2021.8（2023.2 重印）
ISBN 978-7-5435-8990-2

Ⅰ. ①论… Ⅱ. ①何… Ⅲ. ①《论语》-研究②孔丘教育思想-研究 Ⅳ. ①B222.25②G40-092.25

中国版本图书馆 CIP 数据核字(2021)第 171781 号

策　　划：陆思成　刘朝东
责任编辑：韦　玮
责任校对：谢桂清　陆婿澄
装帧设计：李浩丽
责任技编：蒋　媛

出 版 人：石立民
出版发行：广西教育出版社
地　　址：广西南宁市鲤湾路 8 号　邮政编码：530022
电　　话：0771-5865797
本社网址：http://www.gxeph.com
电子信箱：gxeph@vip.163.com
印　　刷：广西桂川民族印刷有限公司
开　　本：890mm×1240mm　1/32
印　　张：7
字　　数：130 千字
版　　次：2021 年 8 月第 1 版
印　　次：2023 年 2 月第 5 次印刷
书　　号：ISBN 978-7-5435-8990-2
定　　价：35.00 元

序一

周勇

基础教育界有不少教师喜欢研究孔子，如黄玉峰、刘定一、陶继新等。这几位都是基础教育界的前辈名师。同辈中，喜欢研究孔子的同样不乏其人，其中印象深的便是本书作者——江苏兴化市教育局教研室何伟俊老师。何老师的专业是小学语文教研，许多年前，我就知道他一直在钻研《论语》，且能不断拿出颇受中小学教师喜欢的新成果，《〈论语〉里孔子的教育智慧》这本书即是又一例证。

认识何老师，是在十几年前。其时，我刚参与华东师范大学课程与教学系的教师培训服务工作，尝试向中小学教师推介研读《论语》，借此开拓一条别样的教师专业发展道路（而非仅是学习西方的教育教学理论等）。结果，这个想法与何老师的想法不谋而合，于是我们很容易就认识了。何老师不仅认为研读《论语》对教师专业发展有益，而且有过许多实际行动推动以研读《论语》为基础的教师专业发展，所以他可以拿出实际经验来证明研读《论语》有利于优化教师的教育教学实践。

看到何老师对《论语》兴致盎然，这让我再度想起1912—1930年间曾在无锡、苏州等地中小学任教的国学大师钱穆先生。钱先生18岁高中毕业，因家贫无以升学，来到无锡荡口担任小学教师，在之后的漫长基层教师生涯中，钱先生也常常靠研读《论语》，一面传播传统文化，一面给自己的教育教学工作注入前进动力，堪称教育“西化”大背景下以研读《论语》促进教师专业发展的难得典范。

钱先生对国学典籍涉猎广泛，造诣深厚。在教学制度环境方面，自1923年先后转入无锡省立第三师范（相当于中师）、苏州中学，钱先生也如鱼得水。无锡省立第三师范保留旧有的“读经一科”，要求国文教师逐年开设《论语》《孟子》等选修课。苏州中学校长汪懋祖也在江南各处物色国学名师，与当时的“西化”新文化教育运动抗衡。这些均有利于钱先生不断提高包括解读《论语》在内的国学研究与教学水平。

在教学制度环境方面，何伟俊老师所遇大不同于钱先生。一般教师的国学造诣与教学成就无法达到钱先生的水平，但依靠多年潜心研读与思考，何老师找到了自己的《论语》解读路径，进而在教育教学乃至为人处世方面获得许多有益启示与前进动力。以《〈论语〉里孔子的教育智慧》为例，便能看出何老师如何潜心研读《论语》，研读下来有何收获。

首先值得留意的是，何老师字里行间流露的对于孔子及《论语》的敬佩态度。甚至可以说，他在教育教学专业方面，是一个心中有人的教师。孔子是他心里的杰出先师。孔子在其心里就如一盏明灯，可以照亮其教育教学专业探索与发展之路。如此便不难理解，何老师在方法论层面强调：孔子不是那些熟知的抽象名号或教条，而是一个活生生的人，所以必须努力将《论语》里的“生活”与“语境”还原出来，使自己置身其中，仿佛自己成了就在现场的孔子的一名学生，然后追随多年，生出许多感慨，并有不少收获，以至于想把这些都记录下来，和今日的其他中小学教师分享。

其次值得留意的是，何老师之前已写过一本书《〈论语〉里住着的孔子》来概括其所见所闻及总体感受，这次则是专门叙述他的教育教学专业收获，即研究多年之后从孔子那里发现的七大“教育智慧”。不难看出，透过何老师的《论语》里的“教育智慧”解读，他其实是在回答或描绘孔子是一个什么样的教师，他怎样教学生，结果如何。在何老师看来，无须把事情想得太复杂，只要身临其境久了，便能发现孔子就是一个“乐学善教”的教师，他总是自己先努力学，再来教学生。同时，孔子也很了解自己的每一名学生，所以善于“因材施教”“寓教于评”。

于是，自己喜欢学，喜欢做教师，了解自己的学生，便成了先决条件，否则“因材施教”便是空谈，这是何老师从孔子那儿获得的基本“教育智慧”，也是何老师本人的首要教育教学专业立场。同时何老师还注意到，在课程或教育内容方面，孔子除了言传，还重视身教，并且认为没有谁天生就是完人，他也要在实践中不断完善自己，故而在教育教学中总是真诚地和学生一起追求成长与进步。这些便是何老师从孔子那儿看到的另外两大“教育智慧”，即“躬行而教”和“教学相长”。它们是孔子教育教学过程中很重要的心得经验，也有利于以之反思当前的一些趋势（如外界总是忽视创造环境与条件，要求教师成为许多家长也不一定能做到的“完人”），让教师、学生与家长相互加深了解，理解包容各自存在的人性不足，共同寻求人性完善。

叙述孔子教育教学的先决条件和重要心得之后，何老师转向思考像孔子那样的教师能有怎样的教育教学结果与收获。结果与收获自然有很多，何老师从《论语》里感受到的是师生情谊，即孔子对学生视如己出，以及时间长了之后，学生也将孔子视为恩重如山的父亲。何老师没有提及孔子有没有其他教育教学的结果与收获，以及孔子本人如何区分各类结果与收获，但他看得很清楚、很准确，孔子是一个真诚、善良、重情重义的教师，他的学生也能深切感受到孔子的真诚善良与情义。“师生情浓”这种师生关系便是最好的结果与收获，也是其他良好教育教学结果的基础。

最后，何老师思考了孔子的全部教育教学付出最终有何意义。进而言之，便是孔子的那些教育智慧与一生教育行动旨在追求什么样的教育目标。答案很简单，就是教学生做人，把学生培养成“仁者”。这一点堪称孔子的“终极教育智慧”，何老师将其概括为“立德树人”。所叙并没有什么学术新意，但这里也不需要学术创新，需要的是真切认同，即像何老师那样坚信教育最重要的宗旨就是学会做人、做事、做学问，像孔子那样和学生一起努力做一个真诚、善良，造福社会、国家与世界的德才兼备的“仁者”。

相信未来何老师仍会继续研读《论语》，激励教师通过研读《论语》向孔子学习，促进教师专业发展，优化教育教学思想与行动。这样一来，何老师还需要考虑怎样拓展自己既有的研读。拓展路径有许多，这里仅谈两点与其共勉：一是可以更自觉地反思既有的七大“教育智慧”的提炼与叙述，进一步从孔子是什么样的教师入手对它们进行完善，为更多的教师认识孔子提供理论指南；二是可以更自觉地向自己钦佩的前辈《论语》解读高手如钱穆先生学习，思考钱先生做中小学教师时如何研读《论语》，怎样表述自己的体会与发现，同时结合今日中小学教师的教育教学生活与困惑，探索对中小学教师而言更有现实意义的以研读《论语》为基础的教师专业发展道路。期待何老师不久的将来又有新作问世。

2020 年 12 月 12 日于华东师大文科大楼 1629 室

（周勇：华东师范大学课程与教学系教授、博士生导师）

序 二
关于教师读《论语》这件事

邱华国

（一）

时间已至21世纪的第21年，能不能不读这本2500多年前成书的《论语》，能不能对这位至圣先师孔子视而不见，直奔做一个“新时代教师”的主题?

似乎是不可以的。这倒不是因为世界上没有一本书、没有一个人是必须读、必须认的，而是因为，这本书、这个人你想不读、想不见，是很难的。

所谓经典，就是那些即使你从未读过，也免不了被它影响的书。你可以不读《论语》，但《论语》似乎每天在“读”你，以至于你不读也在读。

儒家文化虽然在历史长河中跌宕多次，但孔子终究是从轴心时代走来的中国最重要的文化奠基者之一，即使你选择性忽略他，他还是会无选择地影响着你，以至于你不见也在见。

然而，读与不读，见与不见，《论语》“读”你与你读《论语》，毕竟还是有所不同的，作为教师，作为中国教师更是如此。

《论语》"读"你，最早往往是通过中学课文《〈论语〉十则》，但你终究只获一鳞半爪，不得全貌；后来，《论语》通过百家讲坛、影视作品"读"你，但你终究是吃他人嚼过的馍，不得原味；有时，《论语》也通过站立在学校中心广场上的夫子塑像、藏在图书馆中的孔子传记来"读"你，但你所见到的孔子，终究只是他人描绘的那个在历史中渐行渐远的背影。

《论语》"读"你，还有更多的是校园中、街道旁、演讲中引用的耳熟能详的《论语》警句，诸如"学而时习之，不亦说乎""其身正，不令而行""士不可以不弘毅"；还有小时候父母挂在嘴上的那些谆谆教导，诸如"三思而后行""己所不欲，勿施于人""和为贵"。做教师后，《论语》则通过你和同行们随口就说的那些源自该书的教育原则来"读你"，诸如"有教无类""因材施教""创设愤悱之境"，等等。

但是，这些终究不能代替孔子及其弟子们的那部"充实而有光辉"的《论语》。与其支离破碎地让《论语》来"读"你，还不如你读《论语》——静下心来，主动而完整地读上一两遍。

《论语》本来就不是什么十万、百万字的大部头，全书字数也就是 1.5 万多，只相当于一张对开版的报纸上的字数而已。不过，书的字数与书的价值没有必然关系，微言大义，《论语》显然是典范。

读一遍《论语》，快则一周，慢则一月，其实每位教师都能做到。

（二）

梁启超说,《论语》是“二千年来国人思想之总源泉”；林语堂说,《论语》“就犹如西洋耶教的《圣经》一样”。可是，事实上，绝大多数教师是没有读过一遍的——即使是语文教师、历史教师。

许多次，我在全国各地给校长、教师做专业发展相关主题讲座时，经常会现场调查一些信息，其中必有“是否读过《论语》”这一项。大多数情况下，现场几十、数百人中举手示意读过《论语》的寥若晨星，还有好多次竟无一人回应读过。印象中，比例最高的一次是在南京的一所学校，现场两百多名教师中有三十多人表示读过。

自从国家《完善中华优秀传统文化教育指导纲要》《关于实施中华优秀传统文化传承发展工程的意见》等文件先后发布，近几年中小学校园里出现了学习推广中华优秀传统文化的热潮。但如果深入其中，我们不难发现有些学校虽然举的是“弘扬中华优秀传统文化”的旗帜，但开展的那些活动却大多只流于表面。

细想，这些现象的出现也不足为奇。试想，一所学校的校长、教师们自己连《论语》都没读过一遍、《史记》没有翻过一页的，对中华优秀传统文化会有多少认知呢？又如何推动中华优秀传统文化进校园呢?

要问的是，为什么校长、教师们不读《论语》? 或者可以这样问：为什么大多数教师连《论语》都没读过? 为什么学校教师这个最应该读书的职业群体，放弃阅读已经成为常态?

可以找出许多原因，显而易见的有二：一是受社会片面的物质主义价值观影响，认为“读书无用”；二是受应试教育影响，无心读书。但是，我觉得更重要的原因不在于今天的环境，而在于昨天的经历——大多数校长、教师没有接受过良好的阅读教育。

《学记》有云：“虽有嘉肴，弗食，不知其旨也；虽有至道，弗学，不知其善也。”一些教师在学生时代这个关键时期，没有充分品尝到中华优秀传统文化这一桌佳肴的滋味，这直接导致了人文知识营养缺失、价值理性精神“缺钙”的现状。

从这个角度来说，如今的许多校长、教师恰恰是最需要“补课”的一群人——补人文阅读之课，补中华优秀传统文化之课，而《论语》则应该排得上是要补的第一课。

（三）

那么如何让校长、教师们补这一课?

“读了，再说”，是我发起的教育文化空间——苏州半书房的基本理念。它有两层含义：首先，只读不说——“再说”的第一层含义，就是“不说”，只管读，不言说；第二层含义，就是读了之后再言说、再表达。

江苏兴化市教育局教研室主任何伟俊老师，就是一位长期坚持义务为校长、教师们“补课”的学者型教师，而他的做法，就是“读了，再说”。

“立志不随流俗转”，何老师说，教师应该成为“学”者：先学者、会学者、善学者、好学者、乐学者。他通过开设系列专题讲座，组织读书班、读书会等方式，引领广大校长、教师阅读《论语》《孟子》等经典著作，从“读了”“读到”，再到“读破”。何老师从1998年创办兴化市小学青年教师读书班至今二十二年，从未间断，近十几年带领校长、教师研读《论语》《孟子》等经典。十几年前他又组织成立“心远读书会”，定期开展的读书沙龙、教学研讨在国内已有一定影响。在读书班、读书会的影响下，不少学校陆续成立了本校的教师读书组织，也培养出了一批兼具人文高度、教育温度、行业影响力的中小学名师。

“留心学到古人难”，二十多年来，何老师笔耕不辍，出版了《〈论语〉里住着的孔子》《孟子的理想国》等著作，在教育类图书中深受好评。我也多次诚邀他为苏州半书房的书友们做国学讲座。2020年新冠肺炎疫情期间，我组织了新教育“云伴读”，伟俊先生欣然应邀，作为主要伴读嘉宾之一为校长、教师们做了《〈论语〉四讲》的公益伴读，至今在线参与学习的已达近万人次。

眼前，何老师的又一新著《〈论语〉里孔子的教育智慧》即将付梓，以此来引导教师在读《论语》中学教育，在学教育中读《论语》。何老师以他作为一名资深的教育人所特有的清晰的教育逻辑、深刻的教育理解，系统耙梳了《论语》中的教育文化价值，并凝练成善学乐教、因材施教、寓教于评、躬行而教、教学相长、师生情浓、立德树人共七个方面。在对这七个方面展开论述时，先分类引用《论语》原文，再进行严谨而不乏灵动的评述。在评述时，又大量引用《论语》内外相关内容，旁征博引，信手拈来，功力不凡，孔子作为“先师”的形象也愈发显得鲜活了。

在这本书稿的背后，有多少个青灯黄卷相伴的日子？“士不可以不弘毅”，即使再苦再累，何老师自有他甘之如饴的乐趣与价值追求。

（四）

当今世界正在快速跨入互联网＋大数据时代，信息技术正深刻改变着人们的思维、生产和生活方式，而一场新的教育革命也正在随之兴起。在动辄谈互联网教育、未来学校的时代，我们再读《论语》，是否会让我们如同坐上孔子出游的马车，离急速向前的时代列车越来越远？

恰恰相反，越是要走向学校的“未来”，越需要回归到教育的“本来”。“本来”的教育应该是怎样的呢？在《论语》中可以找到体现教育本质的“源代码”，那就是——“有人物”的教育。而要回到教育的“本来”，重读《论语》也就越有价值。

以往大工业社会背景下形成的标准化教育，两三百年来逐步走上知识本位，施行的是“因类施教”，而不是“因材施教”，因此越来越远离教育本质。学校有空间、有教材、有课程、有教学、有考试，在有意无意间淡化了作为主体地位的“人”。

正如钱穆先生为新亚书院制定的《新亚学规》说：中国宋代的书院教育是人物为中心的，现代的大学教育是课程中心的。其实，何尝是现代的大学教育如此，中小学更是如此。

教育的本质特征，是活生生的人（教师）通过鲜活的课程活动影响活泼泼的人（学生）。“让人成为人”“以人为本”中的人，不应该是一个抽象概念中的“人”，而应该是一个个具体、可感、有故事的“人物”。

通过《论语》，通过何老师的《〈论语〉里孔子的教育智慧》，我们可以强烈地感受到，孔子作为“活生生”的教师，通过“鲜活”的教学方式，在影响着一群个性鲜明、才能各异的“活泼泼”的弟子。

“君子务本，本立而道生”，何老师写的这本书，正可以让教师们在眼花缭乱的现代科技信息面前，让我们在新冠肺炎疫情给整个世界带来巨大的不确定性的当下，冷静下来思考：教育的“本来”在何处？如何在“本来”中寻找“未来”？

（五）

这几年，我对校长、教师的阅读推广关注比较多，也做了一些思考和实践层面上的探索。而教师读《论语》这个话题，也时常提及。这次借何老师嘱序之机，把我与之相关的一些粗浅想法说出来。

是为序。

2020 年 12 月 27 日

（邱华国：新教育学校管理研究所执行所长、苏州半书房发起人）

前 言

何伟俊

作为个体，人生的重点是面对当下、做最好的自己，但作为社群人，还要传承前人、有益于后人。正如叶秀山教授所说：“我们总是在前人的指导下，为后人工作，总是缅怀着曾在，设计着将在，而努力工作于现在。”（叶秀山:《思·史·诗——现象学和存在哲学研究》，人民出版社，1988）人类社会的发展，就是在传承历史的基础上不断创新。孔子是中国传统文化与教育的重要奠基者，是教育人的鼻祖，被后世称为至圣先师、万世师表。了解孔子，学习孔子，领悟孔子的教育思想和智慧，是当下教育人必须“缅怀”的“曾在”，是教育文化传承的根基。《论语》作为儒学元典，内涵隽永，历久弥新，是中国优秀传统文化的重要典籍，其中蕴含取之不尽、用之不竭的教育思想和智慧。教育人本来就应该是读书人，如果不品读《论语》、不理解孔子，那将是教育人的遗憾和惋惜。钱穆先生对阅读《论语》传承文化的感慨很深：“《论语》应该是一部中国人人人必读的书。”“今天的中国读书人，应负两大责任。一是自己读《论语》，一是劝人读《论语》。”

孔子的教育思想和智慧主要蕴含在《论语》之中。近十几年，笔者反复细读、品味《论语》，读到了自己心中真实的、真情的孔子，感受到了他鲜活的形象，领悟到了他的思想智慧和人格品质。作为一名普通教师，因为有了自己的真切感受，笔者将《论语》的阅读心得，汇成了一本小书《〈论语〉里住着的孔子》。书中笔者运用还原生活和文本语境的阅读方法，对《论语》的每一章进行了比较细致的解读，从文字背后感受活生生的孔子，理解孔子在政治、文化、教育、生活等方面的思想和仁义礼智信的道德追求，感受孔子的人生理想和精神追求，以及他和弟子之间诚挚的师生情义与和谐、幽默的师生关系。其中孔子的教育思想，只在相关章节联系当下教育做了阐释，未有完整、系统的整合。为了突出孔子的教育文化价值，此次笔者围绕教育的主题，在整部《论语》解读的基础上，系统提炼了七个方面孔子的教育思想和智慧。

孔门弟子三千、贤人七十二，这是“中华第一教师”的标志。孔子能培养出众多贤能弟子，是因为自身的好学、善学、博学和身正为范的人格魅力。孔子教育智慧的根基是“善学乐教”，策略是“因材施教”，方式是“寓教于评”，要领是“躬行而教”，价值是“教学相长”，美德是“师生情浓”，宗旨是“立德树人”。孔子勉励自己“发愤忘食”“学而不厌”，好学、乐学，所以能“诲人不倦”“循循善诱”“乐以忘忧”，享受教书育人的快乐，体现其教育的智慧和风采。只有自己博学、善学，才能善教、乐教，陶行知先生从孔子身上领悟到："唯有学而不厌的先生才能教出学而不厌的学生。"我们必须坚定这样的信念，向孔子、陶行知等教育家学习，坚持"学而不厌"，终身学习，使自己成为真正的"学"者，打牢专业的根基，成为真正的教育人。

学问渊博是教育人的基础，但为了教育好学生还需要灵动的策略和方法。孔门弟子众多，面对不同个性的弟子，孔子理性对待，运用不同的方式引导、教诲。作为教育智者，孔子对学生之间存在的个性差异非常敏感。他深刻地认识并实事求是地揭示了这种客观现象——子曰："有教无类。"孔子这句话，一般理解为：所有人都可教育，不分贵贱贤愚。笔者认为孔子是面对实际，实事求是地表达自己的观点：经过教育，没有标准一致的效果，各人发展的方向、层次不完全一样。正因为有教而无类，才必须因材施教。孔子认为人的天赋、个性都有差异——"唯上知与下愚不移""中人以上，可以语上也；中人以下，不可以语上也"——教育的内容、方式、方法不能完全统一，教育成效不可能完全一致，必须"因材施教"才能让每个学生的潜能得到充分发挥。在因材施教而引领、启发不同性格、天资的学生成长的过程中，教师的评价很重要。孔子对弟子的评价既客观、公正，又充满诚挚的师生之情，其中寄寓着对弟子的教化和期望。"良言一句三冬暖"，孔子的因材施教、寓教于评，与弟子的对话、沟通，其语言丰富生动，内涵深邃，对弟子们具有深刻的启迪。在言传的同时，孔子同样注重身教，始终以自己的行为示范启发弟子们如何为人处世。其知行合一的思想以及言行一致的行为均彰显其教育智慧与境界。

孔门师生平等相处，自由交流、沟通。孔子对颜回、子路说：“何不各自说说自己的志向？”两位弟子说了自己的志向后，子路对孔子说：“希望听到老师的志向。”面对两位弟子，孔子亦说出自己的心愿。这样的平等、融洽对话，《论语》里比比皆是。这样的对话，既是思维的碰撞，又是情感的交流，师生间心有灵犀，双方、多方受益。孔门“教学相长”的价值就体现在这些坦诚而融洽的师生对话情境之中。从概念的角度看，教学相长是教育的原则，其实背后的本质是师生情感、情理的交融。教育既需要理性、客观地面对不同的学生，又需要从感情上关爱所有学生，与学生有心灵的沟通，让学生认同、喜欢、尊敬老师。亲其师，信其道。师生之间如果没有感情的融合，存在心理的障碍，教育的效果就会受到很大的影响。孔子很尊重、关爱弟子，但对弟子的品德有比较高的要求，对个别品德不佳的弟子会严厉指责。其实，批评与关爱不是对立的，真诚批评教育的背后就是对弟子的真诚关爱。孔门师生相处，情如父子。师生情深是为师者最大的欣慰。孔子去世后，其形象、人品、思想在弟子们心中留下了美好、深刻的记忆。孔子能永垂不朽，其思想流传千古，正是源于弟子们对他的敬佩、对其思想的弘扬和传承。

孔子的思想并没有因为生命的终结而消失，而是永远留在了弟子们的心中，留在了弟子们编纂的《论语》里，对中华文化乃至世界文化都产生了极大的影响，这是其以“立德树人”为宗旨的教育所取得的辉煌成就。孔子的教育以修心为本，追求做人、做事、做学问三者的融合，努力培养胸襟宽广、内心“坦荡荡”的君子，有才能、实干笃行“敏于事”的君子，道德修养高、“文质彬彬”的君子。

孔子对社会、人生和教育理想的追求路径是“下学而上达”。通过“发愤忘食”，好学、乐学、善学、博学，奠定生命的根本，“下学”像树木扎根大地那样坚定；在扎实学习知识、培养能力的基础上，不断提升生命的综合素养和精神境界，“上达”像鸟儿飞翔天空那样洒脱。我们学习孔子的教育智慧，就是为了使当下的教育不断“上达”。“因材施教”“教学相长”“举一反三”等孔子教育思想的词汇表达，我们并不陌生，但对孔子如何具体实施而获得教育价值，却可能不太了解。《论语》被称为语录体典籍，但其实《论语》里孔子和弟子之间的对话富有理趣、情趣，蕴含着孔子的教育智慧。习近平总书记指出：“中华优秀传统文化已经成为中华民族的基因，植根在中国人内心，潜移默化影响着中国人的思想方式和行为方式。”作为教育人，我们通过细读、品味《论语》，就能对孔子的品德、教育思想和教育智慧有真正的理解与真切的感悟，进而吸收并传承中华优秀传统教育的基因。通过“下学”品读《论语》，联系当下的教育现实，努力钻研，继往开来，实现创新性发展，“上达”理想的教育境界，我们就能做一个有自己的教育主张和价值追求的智慧教育人。

2020 年 9 月 9 日

注：本书《论语》章节，均引用杨伯峻的《论语译注》（中华书局，2006）

目 录

第一篇：善学乐教

一、学以终身

二、好学而乐

三、学而后教

教育的目的是育人——“师者，所以传道授业解惑也”。如何“传道授业”？又如何“解惑”？“传道授业解惑”的育人本领从哪里来呢？孔子给我们的启示是：育人者必须是个“学”者，自己好学、善学，才可以育人。孔子的“学”，不仅是学文化知识，同时还学做人、做事，让自己学问渊博，品行高贵。现代教育家陶行知曾说：“学高为师，身正为范”，就是对孔子教育思想的理解和弘扬。作为“至圣先师”“万世师表”的孔子，就是因为“学高”“身正”而有弟子三千，七十二贤人，桃李满天下，被载入了中华文化史册。后世都尊称孔子为“圣人”，是称赞他发愤好学、聪明智慧、学识渊博、人品高尚。

春秋时期，作为“先师”，孔子创办的私学教育规模最大、影响最深，堪称中国历史上第一位伟大的教育家，成为后世教育的典范、教师的鼻祖。他的人生追求很坚定，通过专心致志的“博学之，审问之，慎思之，明辨之”，积淀了学问、品德的基础后，就决定“从吾所好”“笃行之”“诲人不倦”，为社会培养有用的人才，以实现自己的人生理想。他追求的不是富有，而是为了培养更多能够修身、齐家、治国、平天下的人才。面对富贵的诱惑，孔子淡然处之，子曰：“富而可求也，虽执鞭之士，吾亦为之。如不可求，从吾所好。”（《述而篇第七》7·12）

“饭疏食饮水，曲肱而枕之，乐亦在其中矣。不义而富且贵，于我如浮云。”（《述而篇第七》7·16）孔子的“从吾所好”即教书育人，这是孔子的人生价值追求和生命的精神向往。因为“从吾所好”而教书育人，面对待遇不高、“饭疏食饮水”的简单生活，孔子“乐以忘忧”“乐在其中”。而以不正当的手段获得的富贵，孔子视若浮云。正因为恪守信念、始终不渝，孔子坚持“学而不厌”“诲人不倦”，才成为全球有影响的轴心时代的伟大的教育家、思想家。

孔子的教育思想和智慧极其丰富、深厚，其为师之道的根基就一个字——“学”，而孔子阐发“学”的价值、思想、策略则贯穿《论语》始终。他成为“至圣先师”的秘诀在于“好学”“乐学”“善学”“博学”。孔子的“学习哲学”与做人、做事、做学问融为一体。作为教育家，孔子的教育思想和智慧体现在其学以修身、终身学习、快乐学习、先学后教、善学乐教的实践之中；其为师之道体现在其广博学习、深度探究的经历、领悟之中，也体现在其与弟子们融洽相处、深入对话的互学之中。

一、学以终身

子曰：“学而时习之，不亦说乎？有朋自远方来，不亦乐乎？人不知，而不愠，不亦君子乎？”（《学而篇第一》1·1）

《论语》开篇首章的第一个字——“学”，开宗明义，言简意丰。

据郑也夫先生统计，《论语》里“学”字出现56次，“教”字只出现7次。由此可见，孔子对“学”是多么重视。“学”是他和弟子们经常讨论、交流的重要话题之一。在孔子看来，人生就是学做人、学做事、学文化和坚持学习、积极进取的过程，也就是他说的“下学而上达”的生命历程。孔子自己终身好学，并教导弟子们持之以恒地勤奋好学，这在弟子们心中留下了深刻、难忘的印记。因此，孔子去世后，弟子们整理编撰《论语》时就把孔子的名言“学而时习之，不亦说乎”列在了整本书的开篇首章。“学”对人生十分重要。关于学习的生命价值，幼年就因病而聋盲的美国著名女作家、教育家、慈善家海伦·凯勒说：“从我能够灵活运用学会的第一个词汇开始，我便学会生活，学会思考，学会对人生抱有美好的希望。”这样一位年幼就遭到命运沉重打击的人，通过不屈不挠的发奋学习，创造了自己丰富多彩的人生，值得所有人省察自醒，且可从中深切领悟孔子的“学习哲学”对人生的意义和价值。

《论语》第一篇第一章，是孔子对弟子们掏心窝的话，他的人生感悟、对“学”的深切理解都包含其中，可谓“开学寄语‘学’为要，谆谆教诲情意深”。面对弟子们，孔子娓娓道来：你们学到了知识、本领和为人的品德，常常去实践，把事做好，把人做好，感受到自己一天一天地进步，做人做事获得了成就感，岂能不快乐呢？孔子收徒授教，弟子来自不同的地方。孔子对他们说：远方志同道合的人来了，多了学习伙伴，可以相互切磋、同修共进，弦歌一堂，岂能不快乐呢？同学朋友相处互叙衷肠，乐以忘忧，但同学之间亦有个性差异，情趣相殊，难免暂时不被人完全了解，甚至被人误解，怎么办呢？孔子启示弟子们，你有自己的思想、能力，别人不知道、不了解，心里不要怨恨，那才是大度的君子啊。每个人学习都是为了提高自身的修养、能力，要做“君子儒”，不做“小人儒”。学习可不是为了在他人面前炫耀，要像古人那样——“古之学者为己，今之学者为人。”（《宪问篇第十四》14·24）古代那些学习的人，是为了提升自己的修养和境界；现在有些学习的人，是为了向别人显摆。“学者为己”，不仅是为了通过学习，提升修养做更好的自己，同时作为社会人还应履行助益他人、服务社会应有的责任和担当。“人不知，而不愠”，是人格修养不容易攀登的高境界，需要经历艰苦的修炼过程。自己学问精深、品德优秀、志向远大，可能不被人理解，不一定得到相应的尊重和任用，但仍需要坦然面对，保持心理平衡。这就是孔子心中坦荡荡的君子。

《论语》开篇的三句“开学寄语”聚焦“学”而“乐”，娓娓道来，他向弟子们传递的“学习哲学”是：学习，是人类的第一特征，也是人生的第一要务，更是为师的第一本领。这样的哲理，孔子说出来是那样的亲切和真诚。当孔子感受到弟子们在学习中有困惑、疑难时，他这样说，是在与弟子们交心。这样的沟通充满感情，富有理趣，寓教于情。情是孔子对待弟子的真诚、关心和期待，趣是孔子说话的语气和态度。当我们反复吟诵“学而时习之，不亦说乎？有朋自远方来，不亦乐乎？人不知，而不愠，不亦君子乎？”，体味其中的音韵、节奏、声调时，弟子们席地而坐，面对谆谆教诲的孔子，师生眼神、表情相互交流，孔子面带微笑、用亲切舒缓的语气授教的场面，自然地浮现于我们的眼前。“不亦说乎？”“不亦乐乎？”“不亦君子乎？”这三句反问是商榷、启发，是循循善诱，促使弟子们思考。这是智慧育人的境界。正是这样艺术化的教育情境，让那么多不同年龄和性格的弟子追随着孔子，并始终敬仰着他，向他学习。

“学”为《论语》开篇首字，“学而篇第一”不仅是《论语》这本书第一篇目的标题，也成了孔子学习哲学、教育思想的风标。学习，是人生的第一要务，更是为师的第一本领。“学”而“第一”，在孔子看来，学习就是生命成长的根本。从下一章我们会感受到，孔子的人生始于“学”，且终身以之。在那个没有“终身学习”概念的时代，孔子用自己的行为表明他是终身学习的典范。

子曰：“吾十有五而志于学，三十而立，四十而不惑，五十而知天命，六十而耳顺，七十而从心所欲，不逾矩。”（《为政篇第二》2·4）

正因为少年立志学习，才成就了孔子辉煌的人生，成为教育泰斗。苏格拉底说：“未经审视的人生，是不值得过的。”轴心时代的东西方两位先哲可谓“心心相印”。孔子不断审视自己的人生，最后达到“自在”“通达”的境界——“从心所欲，不逾矩”。这样的不断“审视”、不断“进阶”，始终伴随、依仗着专一的行为——“学”。孔子的人生起步于“学”，“学”贯穿于其一生。“十有五而志于学”：年轻时，孔子学做人、做事，学知识，学“六艺”的技能本领。“三十而立”：因为学，有了知识、技能，学会了基本的礼仪，他能自立于社会。“四十而不惑”：社会阅历和人生经验的积累，加上不断学习、反思，人生的智慧不断丰富，他心明眼亮而不迷惑。“五十而知天命，六十而耳顺，七十而从心所欲，不逾矩”：因为坚持学习、修行，他顺应天命，对各种言论能辨别是非真伪，随心所欲而不逾越规矩。他“下学而上达”，上遵自然天命，知道自己的使命和担当；下容世道人情，心之所愿都不会逾出社会的规矩。这是孔子终身学习、因学进阶的人生体验和历程，是一个从物质到心灵的生命成长过程，也是一个从事功层面到智慧层面再到精神层面不断提升与超越的历程。这样的学习人生，为他成为万世师表奠定了根基。

子曰：“加我数年，五十以学《易》，可以无大过矣。”（《述而篇第七》7·17）

学习的价值，是为了认识世界，也是为了认识自己，让自己越来越清醒，减少过错。《周易》是中国古代现存最早的一部奇特的哲学著作，其中蕴含的丰富哲理和思想对后世诸子百家有着深刻的启迪和影响。孔子知天命，主要靠的就是学《周易》，五十岁还要学《周易》，与他“五十而知天命”相辅相成。他认为：虽然自己人生已经成熟，但是再去学《周易》，对世界、人生、生活的理解会更通透，对自己命运的认识会更清晰，也就不会犯什么大错误了，从而对得起自己来到人间的生命。与五十学《周易》相应的经历是，孔子50—55岁在鲁国参政5年，因为学《周易》、好学，其为政成效显著。传说孔子晚年反复学《周易》，使穿连竹简的牛皮带子磨断了好几次，成语“韦编三绝”正出于此，可见他终身学习的意志多么坚定！

叶公问孔子于子路，子路不对。子曰：“女奚不曰，其为人也，发愤忘食，乐以忘忧，不知老之将至云尔。”（《述而篇第七》7·19）

孔子的学问博大精深，但他从不以聪明自夸，只以好学用功自许。“不知老之将至”，是因为“发愤忘食，乐以忘忧”。其实，此时的孔子还在周游列国，已经60多岁，在那个时代是名副其实的老人了。在这个年纪，孔子仍然“发愤忘食”，可见其学习的内在动力多么强劲。正因如此，孔子在这样的进取状态中享受着学习的快乐而忘记了忧愁，进入“不知老之将至”的高妙人生境界，真可谓“心忘方入妙”（恽寿平语）。

孔子少年立志于学，一生不辍，成为终身学习的先行者和楷模，成为中国历史上伟大的思想家和教育家。

二、好学而乐

孔子保持终身学习的激情，是因为他好学，在心灵深处感受到学习的快乐，感受到学习带给自己才能的增长、思想的丰富。

子曰："十室之邑，必有忠信如丘者焉，不如丘之好学也。"（《公冶长篇第五》5·28）

孔子在世时，有人推崇他是一位圣人，孔子不敢认同。然而，孔子对自己的好学却自信十足。他很自信、豪爽地对弟子们说，就是只有十户人家的地方，也一定有像我这样忠诚、讲信用的人，但没有像我这样好学的人。这也是孔子对弟子们的勉励和激发，希望他们好学上进。正因为"好学"才让孔子由凡人成为圣人，成为后人所尊崇的"至圣先师"。

子曰："见贤思齐焉，见不贤而内自省也。"（《里仁篇第四》4·17）

"见贤思齐"，经常被我们引用，而原句的后半句常常被我们忽略了。其实，解读文本、理解语义，尤其是理解作者语言背后的意蕴，一定要关注整体的语境，采用串联思维，如果断章取义，只注意了前半句，理解就会失之偏颇。"见贤思齐"意思是说，比自己好的人、强的人，自己要向他看齐、学习；“见不贤而内自省也”，是说生活当中遇到的每一件事、每一个人，哪怕是那些不好的遭人摒弃的人和事，也能通过反观自身“自省”而引以为戒。这就是孔子学习思维方式和好学的精神。老子曾说：“善人者，不善人之师；不善人者，善人之资。”意思是说善人可以作为不善人的老师；不善人可以作为善人的借鉴，以之反省自身是否也有类似的问题，从反面将之转化为“学习资源”，让自己少犯错误。

孔子的好学体现在将整个生活的场域都看成自己学习、修炼的“道场”，时时、处处、事事学习，正如子贡所说：“夫子焉不学？而亦何常师之有？”（《子张篇第十九》19·22）而且，孔子的广泛学习是发自内心的喜好。“见贤思齐焉，见不贤而内自省也”，从其中的“思”和“省”，可以体悟到孔子的学习、修行不仅是喜好，而且自觉而真诚，具有独立思考、反省自身的方法和策略，而非盲目地学习。

子曰：“三人行，必有我师焉：择其善者而从之，其不善者而改之。”（《述而篇第七》7·22）

孔子的好学表现在时时、处处、事事学习，没有固定的老师，只要和人在一起，都可以从中学习。因此孔子说，“三人行，必有我师焉”。这“三人”是不是一定都要比我强，水平比我高，才能成为我的老师呢？不是的。这里的“三人”不是实际的数字，而是泛指多个人。师，在古汉语里有“效法、学习”的意思。这里的“师”不作为“教师”的意思，而作为“学习”的意思来理解更恰切。

这是孔子自主的好学意识、开放的学习胸襟，也是他善于学习的思维方式，只要和他人在一起，就会有学习的机会。孔子从多层次、多角度学习，并非不加思考简单地直接接受，而是“择其善者而从之，其不善者而改之”。这里的“择其善者而从之，其不善者而改之”与前面的“见贤思齐焉，见不贤而内自省也”相互照应、相互阐释。“择”，非常重要，体现了孔子的学习智慧，其中蕴含着学习过程中的独立思考和判断。当今，信息爆炸、知识膨胀，我们更需要选择的意识和思想。现在，我们缺少的不是知识，而是选择知识的智慧，化知识为能力和德行的智慧。

子曰：“德之不修，学之不讲，闻义不能徙，不善不能改，是吾忧也。”（《述而篇第七》7·3）

《论语》里没有“苦”字，从首章《学而篇第一》我们就感受到了。在孔子看来学习是快乐的事，生活是快乐的事，人生应该追求快乐。孔子不愧是“愉快教育”的祖师爷。孔子的快乐学习不是表面的轻松，而是潜心好学，感受知识的魅力，在学有所悟、学有所得、学有所进中获得快乐感。但《论语》里却有十几个“忧”字，其背后体现了孔子追求上进的觉悟意识。

现代心理学理论认为，适度的焦虑能促使人积极进取并产生行动，解决自己面临的问题。忧虑可能促使自己奋斗，做好自己的事，从而享受快乐。孔子是忧中有乐，然后“乐以忘忧”。人如果不回避忧愁，而像孔子一样理性、乐观地面对，经过奋发努力，自然会获得成功的喜悦。这里孔子的“忧”，就是激励自己积极主动学习进修。只有自觉修身，追求上进，才能成为使学生满意、对学生有益的教师。

作为教育人，孔子担忧的是什么呢？品德不加以修养提升，学问不精勤研究深化（“学之不讲”的“讲”是研究、商讨的意思），听到正义的道理不能跟从，不对的地方不能改正。而创办私立教育的孔子，垂范意识很强，“不修、不讲、不能徙、不能改”之“四忧”，为的是提醒、激励自己坚持学习、修身，坚守信念，让自己成为德才兼备的教育人。

我们可以推想，这大概是孔子办学初期对自己的提醒和警示。作为一位把教育当作自己终身志业的教师，“德之不修，学之不讲，闻义不能徙，不善不能改”，这是孔子从反面警醒自己——自己的德行、修养能不能成为学生的榜样，自己能不能把学问研究通达，听到正义的道理能不能照着去做，自己有了过错能不能及时改正。教师的一言一行就是最好的教育，以“德、学、义、善”为人师表，潜移默化，才能对弟子们言传身教。孔子这里忧虑的“不修、不讲、不能徙、不能改”，不是说自己没有道德、学问不深、不行义、不改过，而是勉励自己锲而不舍地学习、修炼，“发愤忘食”“学而不厌”“下学而上达”，让自己的学识和修养境界不断提升，以无愧于为人师表。“至圣先师”就是这样磨炼而成的。

子曰：“知之者不如好之者，好之者不如乐之者。”（《雍也篇第六》6·20）

子曰：“知者乐水，仁者乐山。知者动，仁者静。知者乐，仁者寿。”（《雍也篇第六》6·23）

知之者，是在知性层面；好之者，是在情绪层面；乐之者，是在精神层面。学习也好，做事也好，或者从知性开始，或者从喜好开始，最终达到心灵愉悦才是最高的精神境界。乐之者，就是人与知识的融通，人与世界的圆融无碍。现今的教育讲“乐学”，有时流于表象和形式，教师简单地表扬，激发的往往是学生肤浅表面的兴趣。真正的乐学，并不是轻轻松松，不用发奋努力；孔子“发愤忘食”，才“乐以忘忧”。“乐学”应建立在喜欢的基础上，真的喜欢才有真的快乐；快乐又建立在感悟、理解的基础上，也就是对知识内在的魅力有了深切的体认才会产生内心的愉悦。

“知之”“好之”“乐之”相辅相成，由“知之”而逐渐“好之”“乐之”；“好之”“乐之”又可以使“知之”更加深入、宽广。为何有人比别人学得好、做得好？是因为他们爱好这门学问、这项事业。为何有人比爱好学问、事业的人学得更好、做得更好？是因为他们从中得到了乐趣，享受了愉悦。兴趣是最好的老师。孔子自己好学、乐学，也勉励弟子们不仅要学而知之，还要学而乐之，通过努力学习领悟知识的奥妙并乐在其中。“乐之者”是学习的最高境界，这就照应了《论语》开篇孔子的那句话——“学而时习之，不亦说乎？”

“知者乐水，仁者乐山”表现了孔子好学、乐学的宽广眼界和胸襟。他用审美的眼光看世界，天人合一是他观照自然和人类的情怀与思想，也是他向大自然学习的领悟和思考；同时，“知者”的“乐水”，“仁者”的“乐山”，是孔子向宇宙自然学习的形象和行为表现。孔子遇山水必观，就是学习山水中隐含的智慧和道德。“上善若水”，水滋养万物，包容万物，荡涤万物；水活泼灵动，启人思考，给人以智慧。这里的智慧，不是通常所谓的聪明，而是通达宇宙、感知人生道理的觉悟。山沉稳宽厚，内蕴金石，外秀林木，贡献万物，恰如仁厚的长者。这里的“知者乐水，仁者乐山”不是简单的并列，而是互文的修辞手法。山水相依，智仁合一。智仁者乐山水，昭示着敬畏天地、敬畏生命、天人合一的思维和品德。乐于山水，是乐于山水之精神，是化山水之精神为我之精神；是“人法地”，效法容纳山水的大地以开阔自身的胸怀，修养自身的性情，“厚德载物”，与天地精神共往来。孔子这样的乐于山水，就是向天地万物学习，敬畏生命的源头。

孔子爱好大自然，向大自然学习，正因为情怀与天地山水相融，才有了“子在川上，曰：‘逝者如斯夫！不舍昼夜。’”（《子罕篇第九》9·17）的千古箴言。孔子看到大河东流，就感悟到“日月逝矣，岁不我与”，要珍惜生命的时间，坚持“学而不厌，诲人不倦”。孔子对宇宙、历史、生命、时间的思索，因为山水的启示，使他明白了“知者动，仁者静。知者乐，仁者寿”的道理。“知者动，仁者静”是互文，智仁者的智慧，在于知进退，也就是动静相宜，动静协和，文武之道，一张一弛。“知者乐，仁者寿”也是互文。智仁者自然会获得快乐和长寿。乐，是现世生命的生活状态；寿，是未来生命的存在状态。寿，不一定指活着的年龄长。老子云：“死而不亡者寿。”一个人死了，他还“活”着，才是“寿”。这个“寿”，不是生理寿命，而是精神寿命。一个有精神创造和贡献的人，是“死”不了的，会永远“活”在人类历史上和人们的心中。正如臧克家怀念鲁迅的诗句：“有的人活着，他已经死了；有的人死了，他还活着。”智仁者立言、立功、立德于世，当然快乐、长寿。正如2500多年前的孔子，因为“为天地立心，为生民立命，为往圣继绝学，为万世开太平”，所以一直活在中华文明的史册中，是古往今来最快乐、最“长寿”的人！

孔子好学、乐学，不断提升自己的生命境界，成为后人心目中“‘高山仰止，景行行止。’虽不能至，然心向往之”（司马迁《史记·孔子世家》）的万世师表。

三、学而后教

子曰："默而识之，学而不厌，诲人不倦，何有于我哉？"（《述而篇第七》7·2）

这是孔子讲自己学习和教学的关系，也是孔子"为师之道"思想智慧的精髓。"默而识之"的"默"不可简单地理解为"默写"或"默默地背诵"，而是指凝神静气、沉下心来，安静地去学习、体味、琢磨，领悟知识的意味和思想的内涵。"识"在一般的《论语》译注里都解释为——读"志"，记住的意思。识，在古汉语里是知道、懂得、认识的意思。孔子的"默而识之"，可以理解为默默地思索，从而理解知识、明白道理、掌握规律，把思想融化到心灵之中。这更符合孔子的学习策略和智慧。"学而不厌，诲人不倦"，现在一般看成是两个成语，对学生来说要"学而不厌"，对教师来说要"诲人不倦"。其实，这是孔子自己认真学习之后教学生学习的真切而至深的感受。从孔子的角度看，"学而不厌，诲人不倦"不是并列关系，而是因果关系、条件关系。孔子深切地感悟到，因为自己"学而不厌"（这里的"厌"是满足的意思），所以"诲人不倦"。孔子自己先学，然后教弟子。他好学、乐学、善学，当学有所感、所悟时，怎么会不乐意与弟子们分享，不享受教学相长的快乐呢？而唯有自己"学而不厌”，才能“诲人不倦”。这也是孔子先学后教、善学乐教的教育智慧的真实体现。陶行知先生对孔子的这一教育理念深有感悟，他说：“唯有学而不厌的先生，才能教出学而不厌的学生。”语文特级教师于漪，也是一位终身学习者。回顾一生的教学经历，她感慨地说：“与其说我做了一辈子老师，不如说我一辈子学做老师。”是的，自己好学、善学，才能善教、乐教，才能真正教好学生。这是教育人必须永远铭记于心的为师之道。孔子“学而不厌，诲人不倦”，用现在的话说，就是他的一生都在“进修”，都在“充电”，都在“备课”。他乐学乐教、善学善教，享受着教书育人的幸福。

孔子很注重独立思考、学思结合，提升学习的高度，也就是我们现在追求的“深度学习”。孔子教前之学的“备课”是那样认真，且悟出了深刻的学习哲理——

子曰：“学而不思则罔，思而不学则殆。”（《为政篇第二》2·15）

这是孔子学习思想的经典。学和思，是客观的知识经验和主观的建构之间的关系。学习了客观的知识经验，经过思考、理解，融入自己的认知结构，才能内化为自己的知识，深化自己的认知水平。这样的知识才是系统的、清晰的，才不会因为知识的繁杂而“罔”（模糊不清，混沌不明）。如果死读书，不用自己的大脑独立思考，就如同“让自己的头脑成为别人思想的跑马场”，不仅没有收获，还可能越来越迷惑。思，是一个转化的过程，也是一个建构的过程。对学习而言，思考的作用再怎么强调也不过分。尤其是现在，无论对教师还是学生，缺少的不是学，而是思考，独立的思考和判断。那个时代的孔子对“学”与“思”密切的辩证关系，已经揭示得非常深刻。学习不经过思考，知识就不具有逻辑性、深刻性，从而产生思维的混乱，不能得到真正有用的知识。但是，“思而不学则殆”，离开了学习，陷入虚空的思考，同样也是危险的。没有资源、信息，没有借鉴，就不能拓展、深化思考。这一点，孔子有切身体会。他说:“吾尝终日不食，终夜不寝，以思，无益，不如学也。”（《卫灵公篇第十五》15·31）学离不开思，思离不开学，有了亲身经历，孔子对学与思微妙、幽深的辩证关系，洞悉得明白、透彻。有了这样真切的自我学习体验，孔子才可能启发、引导弟子们更好地学习。除了处理好“学”与“思”的关系，孔子对“学”还有另一个独特的体验——

子曰:“学如不及，犹恐失之。”（《泰伯篇第八》8·17）

这一句又道出了孔子作为一个好学者、乐学者的感受。“及”的甲骨文，由两部分组成，前面是个“人”，后面是一只“手”，像一只手从背后抓住前面的人。“及”的本意是赶上、达到、抓住的意思。“学如不及”是说学习好像赶不上或者抓不到某个东西一样。有时候，我们要说一句话，想要表达一个意思，似乎想清楚了，却说不出来或说不清楚，就好像看见那个东西却抓不到一样。“犹恐失之”，就是抓在手上，仍害怕丢掉了、消失了。当灵感一闪而过却不能及时捕捉时，内心就会有些许遗憾。这是孔子根据自己的真切感受和体验，提醒自己和弟子们，学习一定要细心、谨慎，思考必须清晰，让知识、思想留在记忆里、心灵中，必要时通过书写留在文字里。如果我们认真思考孔子的话，就会对他的这一学习体验产生共鸣。

“学如不及，犹恐失之”还是一个动态的过程。孔子的话启示我们，学习是一个“抓住”的过程，如果不能将学到的东西刻在心里、融入灵魂中，学习就可能像抓不住东西一样，最终将失去。因为“学如不及，犹恐失之”，所以必须孜孜不倦、深思熟虑。由此，笔者总结了两种读书方式：一种是读“过”的书，一种是读“到”的书。读“过”的书太多啦，一个人一生一世可能看过几百本、几千本书，只是那些读过的书在一段时间后会烟消云散，离开我们的生命和灵魂。而读“到”的书就不一样了，书中的思想、智慧好像被“抓到”了，不会“失之”。它们留在我们的生命里，融入我们的灵魂中，成为滋养我们思想精神的营养。读“到”的书，需要圈画、批注，写下读书心得。世界著名教育学专家马克斯·范梅南说：“写作是为了检验事物的深度，也是为了了解自身的深度。”就现代条件而言，为了解决孔子所揭示的学习困惑“学如不及，犹恐失之”，除了深入思考，还要增强写作意识。

孔子在学习上孜孜以求、锲而不舍。他的学识水平很高，用颜渊的话说“仰之弥高，钻之弥坚。瞻之在前，忽焉在后”（《子罕篇第九》9·11）。由于好学、乐学，他的教学可谓“资之深，则取之左右逢其源”（孟子语）。从下面这句话，我们可以进一步理解孔子在教之前对自己先学的注重和坚守。

子曰：“温故而知新，可以为师矣。”（《为政篇第二》2·11）

温故而知新，既是学习的方法、途径，也是学习的规律，更是作为教师必备的意识和能力。说它是方法、途径，因为通过温习旧的知识、经验，可以获得新的体验和收获；说它是规律，因为现代学习理论研究指出，任何知识的学习都可能回到它的原点，回到原点不是完全重复，而是在新的情境下对原点知识产生新的理解。这里的“温”既有温习的意思，又有反复学习让旧知在心中“升温”的意思。所谓“温故”，就是通过思索、联想、发现，让旧知识在内心“升温”且发出光来，灵动起来，闪烁起来。通过新旧联系，与时俱进，挖掘其当下价值，生成自己新的理解、新的发现、新的感受、新的体验，这就是“知新”。孔子认为“温故知新”是教师必备的能力和施教的前提，只有善于通过思考，从已知的知识、经验中得到新感受、新认识、新体验、新发现，用有活力、有温度的知识之光去照耀学生的心田，才可以成为真正的教师，真正的教育教学才能产生。

《礼记·学记》里说：“记问之学，不足以为人师。”照本宣科，讲授标准答案，没有“温故而知新”，就不能成为真正的教师；只有既能“温故”又能“知新”的人，才胜任教师一职。孔门弟子子夏就是“温故知新”的典范，子夏曰：“日知其所亡，月无忘其所能，可谓好学也已矣。”（《子张篇第十九》19·5）子夏深谙孔子的为学之道，且做了继承和发挥。“日知其所亡”，每天学一点自己所不知道的，不教一日闲过，好好学习，日有所进，这就是“知新”“博学”。“月无忘其所能”，每个月不忘记已经学过的，日积月累，涓涓细流才能汇成丰沛的江海，这就是“温故”。“日知”“月无忘”的“好学”，就是“温故知新”，就可以“为人师”。子夏好学，成了真正的名师。孔子去世后，子夏在魏国的西河从教，是孔门弟子中成就最大的。

联系当下教学，作为教师，我们应该认识到，备课不是为了写出漂亮的教案，而是要把所教的知识、内容先自行学习、琢磨、体会，融入自己的理解，有自己新的思考和发现，让知识在自己的精神世界里活起来，成为心中的火炬。教学，就是用自己心中知识、思想的火炬，点燃学生的思想，照耀学生的心灵。这种教之前的“学”，不是简单地重复熟悉的知识和能力，而是知其所以然、温故而知新。在课堂上，有时候学生学不会、不会学，而教师却束手无策，根源就在于教师教学之前没有真正先学，以“温故”而“知新”。教师事先学过，会了、懂了，不是为了直接传授给学生，而是自己知其所以然，成竹在胸之后，在学生需要启发、帮助时给予有效的点拨和帮助。教师就是要追求每一次的教学都能从旧知中教出新意来，从知识的旧渠道流淌出新鲜的活水来。当然，温故而知新的基础是具有丰富、广博的知识背景和独立思考、深入思考的意识。坚持广泛阅读、深入学习，应该是教师的生活常态。孔子能“温故而知新”，就是因为“学而不厌”、终身学习，是一位博学多才的大师。

特级教师于永正备课、上课的体会，与孔子的感悟如出一辙。于老师说：“课前，老师得先和文本对话，即钻研教材。只有把教材把握好了，才能和学生交流。我备课没有什么诀窍，只是翻来覆去地诵读、默想，当读出自己的理解、情感，读出文章的妙处，读出自己的惊喜时，我便敢走进课堂。”

孔子认为“温故而知新”才“可以为师”；于老师“读出文章的妙处”，“便敢走进课堂”。古今教育理念相互应和，这是“为师之道”的永恒真理。

孔子做了一生的老师，他为什么那么快乐？再想想我们自己，经常被职业的倦怠感困扰着。这种倦怠感的产生，除了社会环境、待遇等因素，其根本源自教师没有把自身的学习进取作为自觉的行为，从中获得教学相长的乐趣。教师自己不好学，无法从学习中获得快乐，那么他的教学很容易陷入乏味和倦怠的状态。假如教师对所教的内容有自己的真切感受，有自己的想法、理解和发现，他一定会产生表达的欲望，涌动与学生分享的热情，怎么会不开心、不高兴呢？所以说“诲人不倦”的前提是“学而不厌”。教学说到底也是一种分享。如果你真的是个好学的人，你肯定是个乐教的老师。“问渠那得清如许？为有源头活水来”，正是有了“学而不厌”“温故知新”的“源头活水”，才有了“诲人不倦”“循循善诱”的滋养生命的“清渠”。所以，“学而不厌，诲人不倦”后，孔子接着说“何有于我哉”。孔子对自己的好学特别自信，既然自己“学而不厌”，那么“诲人不倦”又有什么难的呢？这是孔子最开心的事啊！

孔子的“温故知新”“诲人不倦”，来自“学而不厌”。教师的读书、学习，不仅可以充实、丰富自己，还可以克服自身的职业倦怠，达到“诲人不倦”的境界。教师的学习、阅读需要跨界、多元，不仅阅读教育教学专业方面的书，还要读历史、哲学、美学、文学、经济学、科普等方面的书；有了丰富的知识、广阔的阅读背景，追求博学多才，才能成为“温故知新”“诲人不倦”的优秀师者。

综上所述，学习，是孔子为师之道的核心智慧，是为师的第一本领。在孔子看来，为师之道的根本是学思贯通，只有善于学习、善于思考方可成为良师。这一教育智慧对后世学者、教育人产生了深远的影响。作为教育人，我们应该向孔子学习，做一个“学”者——先学者、善学者、博学者、好学者、乐学者，进而成为一位快乐、幸福的教师。这是孔子以“学”为根基的教育智慧、为师之道给我们的启迪。

第二篇：因材施教

一、众生各异

二、进退有度

三、同问异答

四、识人施教

孔子的自我学习意识很强——好学、乐学、善学、博学，但是怎样才能让弟子们也好学、乐学、善学、博学呢？教育是师生双方的互动，面对情况各异的学生，需要灵活的教育方式和策略，而不能过度统一。孔子的策略是“因材施教”，根据不同学生的特长、性格、能力、基础等具体情况，提出不同的要求，有的放矢地施行有差别的多元教育。学生天生有个性差异，教师必须正视、承认差异，尊重并根据学生的个体差异，因材施教，使每个学生都能扬长避短，让其潜能、特长得到充分发挥。作为教师，只有承认、尊重学生的个性差异，才不会过度统一化、标准化；只有根据学生的个性差异，才能探索到灵活有效的教学策略和方法。作为教育泰斗，孔子对学生之间存在的个性差异非常敏感，他实事求是地提出：“有教无类。”（《卫灵公篇第十五》15·39）孔子这句话的意思是任何人都可教育，不分贵贱贤愚。这体现了孔子不分贵贱、面对平民大众的教育思想和使命担当。事实上，孔子就是这么做的。孔子的教育理想是立德树人，希望弟子成才。他认同的具有仁德的弟子只有颜回——“贤哉回也”，“其心三月不违仁”。能力强、本领大的弟子子路、冉有、子贡、公西华等，孔子认同他们做事水平高，但“不知其仁也”。对有时不守道义的冉有，孔子还要弟子们“鸣鼓而攻之”。这些孔门教育的实际情况，体现了孔子诚心诚意、实事求是的教育精神。孔子既有浓郁的教育深情，又有深刻的理性思考。在古文里，“类”还有“类似”的意思。“有教无类”还是孔子对教育现象、成效的真切认识和感慨，并因此形成了他“因材施教”的教育思想和策略。因此，“有教无类”是“因材施教”的前提和背景。因为人的天赋、个性都有差异，教育的成效不可能完全一样，所以教育教学的方式方法也不能完全一致。因材施教不仅是教学的方式方法，更是教育的规律和原则，对当下教育有着重要的意义和价值。

基于对人性、教育的深刻认识，孔子的施教既有基本的要求、共同的理想，又因人而异，适性而教，灵活机动，其施教不是千篇一律，让弟子齐步走、同步走。孔子的思想理性，心态宽厚，尊重个性，包容个性，肯定个性，容纳各种各样的弟子。因此，孔门弟子众多，既有德才兼备、多才多艺的，也有少数才高德低、固执不改的。从客观事实看，教育可以影响人，但不太可能完全改变人。孔子的因材施教，体现其稳重从容的心态、实事求是的精神。他正视教育的现实，尽管也有少数自己教不好的学生，但是教育的情怀不改，教育的理想始终坚守，教育的热情始终不减。

一、众生各异

孔门弟子三千,七十二贤人，十位有影响的弟子分为四类。

德行：颜渊，闵子骞，冉伯牛，仲弓。言语：宰我，子贡。政事：冉有，季路。文学：子游，子夏。(《先进篇第十一》11·3)

后人将这十位佼佼者称为“孔门十哲”，其四类之分体现了孔子因材施教原则的成效。品德优秀的四位：颜渊，闵子骞，冉伯牛，仲弓。擅长言语的两位：宰我，子贡。能办理政事的两位：冉有，季路。精通古代文献的两位：子游，子夏。虽然分为四类，各有所长，但他们都具有基本的综合素养，只是某一方面更擅长、更优异而已，并不像现在专业之间那样泾渭分明。“德行”者，其言语、政事能力亦强，其“文学”（这里的“文学”指古代诗书礼乐等文献知识）基础亦不弱。比如，德行高尚的颜回，我们可以从《论语》里感受到他的语言才华，孔子的教学策略之一“循循然善诱人”就是颜回说出来的。再如，言语能力强的子贡，能说会道，善于应对，他从事外交政事亦游刃有余，经商更是高手；文化知识丰富的子游，担任过武城的长官。除了“孔门十哲”，优秀弟子还有有若、曾子、公西华、子张等。

立德树人是孔子教育的宗旨，其教育思想丰富，教育智慧精深，杰出弟子很多。但是，也有他改变不了的弟子。如冉有，“孔门十哲”之一，他管理能力很强，且多才多艺。孔子评价他“于从政乎何有？”意即他办理政事有什么困难呢？但有一次，他对老师说:“非不说子之道，力不足也。”子曰:“力不足者，中道而废。今女画。”（《雍也篇第六》6·12）他不能执行孔子的为政道义，却对老师说是自己力量不够。这其实是冉有在为自己找借口。后来，他助纣为虐，帮助季氏搜刮、盘剥老百姓，孔子愤怒地训斥他，对弟子们说:“非吾徒也。小子鸣鼓而攻之，可也。”（《先进篇第十一》11·17）又如宰予，字子我，亦称宰我，能言善辩，很有个性，常和孔子唱反调，可说是个叛逆的弟子。宰我在《论语》里出现过 5 次，一次评价他为“孔门十哲”之一，一次是孔子痛斥他“朽木不可雕也，粪土之墙不可杇也”（《公冶长篇第五》5·10），其他三次都是对老师的挑战——他质疑守孝三年的礼节（《阳货篇第十七》17·21），他愚弄仁者（《雍也篇第六》6·26），他批评周礼（《八佾篇第三》3·21）。这种情况，孔门弟子中独此一人。当然，宰我挑战老师也反映了他独特的思维和有一定深度的思考，不是简单地反对、驳斥老师。面对如此弟子，孔子并没有把他逐出师门，和他解除师生关系，甚至还将他列入“孔门十哲”。不同性格、人品的学生，是教育人因材施教必须面对的现实。孔子宽容、大度地对待特殊学生，值得今天的教育人借鉴。

子曰:“可与共学，未可与适道；可与适道，未可与

立；可与立，未可与权。”（《子罕篇第九》9 · 30）

可以一起学习的人，未必能一起达到道的境界；一起达到道的境界的人，又未必能一起践行真理；一起践行真理的人，又未必能一起权衡是非轻重，因时制宜，灵活处世。这是孔子对自己的教育现实、教育过程和教育成效实事求是的表述。

做学问、明道理、行大道、通权变，是为人处世、德行修养的四个层次与境界，也是孔子说的“下学而上达”，一层比一层更需要智慧和功夫。到了通权变、不拘泥，就到了“仁者不忧”“智者不惑”“勇者不惧”的高度。随着“共学”“适道”“立”“权”的境界越来越高，能够达到一定的高度且与之共进的弟子也越来越少。“子曰：‘回也，其心三月不违仁，其余则日月至焉而已矣。’”（《雍也篇第六》6 · 7）“哀公问：‘弟子孰为好学？’孔子对曰：‘有颜回者好学，不迁怒，不贰过。不幸短命死矣，今也则亡，未闻好学者也。’”（《雍也篇第六》6 · 3）孔子把颜回和其他弟子比较，说颜回的内心能长期不违仁德，其余的学生做不到；颜回好学，修身养性，不拿别人出气，不犯同样的过失，但不幸过早去世，现在没有这样的弟子了，也没听说过如此好学的人了。作为教育人，总希望实现自己的理想，但像现在的学校、班级教育体系，面对不同学生，经过同样的教育，其效果不可能一致。面对这样的实际，教育人肯定有遗憾，可能也影响自己的工作热情。但两千多年前的孔子却能客观、坦然地面对，因材施教，尽力而为，让不同弟子有不同的成长和发展。

《孔子家语》记载，子夏问孔子：“颜回的为人怎么样？”孔子说：“颜回的诚信比我还强。”子夏接着问：“子贡的为人怎么样？”孔子说：“子贡在聪敏上高过我。”子夏再问：“子路的为人怎么样？”孔子说：“子路在勇气方面超越我。”子夏又问：“子张的为人怎么样？”孔子说：“子张在庄重上胜过我。”

子夏离开席位站起来，疑惑地问：“他们都有超过您的地方，那么他们为什么都事奉您，向您学习呢？”

孔子解释说：“坐下来，我告诉你。颜回很有诚信却不懂灵活变通，子贡很聪敏却不能接受委屈，子路很勇敢却不懂得退让，子张很庄重却不能与人和睦相处。他们为人的优点虽然是我不能及的，但我没有他们的缺点，这就是他们向我学习而不三心二意的原因。”

人无完人，一个人不可能处处都超越他人。弟子们都有自己的优点、长处，孔子也有某些缺点、弱点，他们为什么敬佩孔子，追随他，向他学习呢？因为孔子知识渊博，思想深刻，思维宽阔，尤其是人格高尚，爱生如子。从全方位看，弟子们能从他身上学得更多。

金无足赤，承认不足需要勇气，更显得孔子为人师的真诚和坦荡。孔子面对自己、看待他人都实事求是，对弟子们的优点、特长很清楚，对弟子的性格、禀赋、才能包括弱点了解得也很充分，如此方能理性面对，因材施教，让每一个弟子都能得到有针对性的教育，扬长避短，力争学有所成。

因材施教，尽管面对的是个性、特长不同的学生，但仍需要以全面课程为基础。德、智、体、美、劳全面发展，不是为了让每个学生都成为全才，而是提供全面的资源、营养，才能保证不同的学生的发展具备可能和条件。就像我们的饮食，人体需求量最多的是蛋白质、碳水化合物，但需求量很少的钠、碘等元素，也不可缺少，否则身体健康会受影响。孔子做的是真正的全人教育、素质教育，以立德为基础，设计全方位课程，让学生的潜能充分发挥出来，为性格、才能不同的学生提供多样、丰富的学习内容，营造良好的学习环境和条件，让每个学生的个性可以充分发挥。由此，孔门三千弟子中涌现出“七十二贤人”和“孔门十哲”，孔子亦成为中国历史上第一位教育家。面对学生的多元，为了因材施教，孔子设计的教育内容很丰富。他说：“君子博学于文，约之以礼”（《雍也篇第六》6·27），“志于道，据于德，依于仁，游于艺”（《述而篇第七》7·6）。弟子们说：“子以四教：文，行，忠，信。”（《述而篇第七》7·25）从这些教育内容可以看出，孔门教育目的的根本在德，基础在文，拓展在艺（礼、乐、射、御、书、数的“六艺”技能），落实在行，培养学生既成为通才，又具有某方面的特长。孔子因材施教的思想、德才兼备的教育理念，仍然能给当今的教育以启示。

二、进退有度

子路问："闻斯行诸？"子曰："有父兄在，如之何其闻斯行之？"

冉有问："闻斯行诸？"子曰："闻斯行之。"

公西华曰："由也问闻斯行诸，子曰，'有父兄在'；求也问闻斯行诸，子曰，'闻斯行之'。赤也惑，敢问。"子曰："求也退，故进之；由也兼人，故退之。"（《先进篇第十一》11·22）

这一章是孔子因材施教的典型案例。

子路问老师："听到一件事就去做它吗？"孔子说："父兄还在，为什么听到了就去做呢？"意思是，要与父兄商量，征求他们的意见。冉有也问："听到一件事就去做它吗？"孔子说："听到了就去做吧。"对同一个问题，老师却给出了近乎相反的建议。弟子公西华感到疑惑不解，便向老师请教。孔子说："冉有做事犹豫畏缩，所以我鼓励他积极进取；子路强悍好勇，一个人顶二个人，所以我要抑制他。"

孔子针对一"退"一"兼"的两位弟子，引导他们一"进"一"退"，就是针对他们不同的个性，引导他们把事情做好。逢事太过犹豫，瞻前顾后，则可能失去机会；过于激进，缺乏从容谋划，尽管去做了，也可能不成功。子路是位勇士，但比较鲁莽，其性格“行行如也”“由也喭”（《先进篇第十一》11·13、18）。孔子曾提醒他不要“暴虎冯河，死而无悔”，而要“临事而惧，好谋而成”（《述而篇第七》7·11），还担心他“若由也，不得其死然”（《先进篇第十一》11·13）。在孔子看来，学生的“材”，不仅指天赋的智力，还指各人不同的性格、气质。孔子根据弟子不同的个性，对过于激进逞强者，抑制他们使之谦和、从容；对胆怯畏缩者，激励他们使之勇敢、奋进。这种因材施教的方式显示出其大教育家的智慧。

因材施教的前提是，对学生的天资、个性要了解，策略是面对不同的学生，做出不同的引导和建议。孔子能因材施教，在于其善于观察弟子，关注弟子的个性特点和差异，对弟子的性格、特长了如指掌，然后给他们适合从事的工作提出合理的建议。孔子考察人的策略是:“视其所以，观其所由，察其所安。”（《为政篇第二》2·10）仔细观察一个人做的事、做事的方式、做事后的心理，就可以全面地认识一个人，了解这个人的本质。一个人能做事是现象，做什么事、怎么做事是本质。看到了本质，这个人也就被看清了。孔子就是因为对冉有和子路的个性认识得很清楚，故而分别“进之”“退之”，为的是让他们扬长避短，不断提升为人处世的境界。

子曰:“吾与回言终日，不违，如愚。退而省其私，

亦足以发，回也不愚。”（《为政篇第二》2·9）

孔子观察弟子们，把握弟子们行为背后的心理，为的是更好地施教。颜回刚进孔门，孔子发现，颜回听了他一天的课，却没有提出任何疑问和不同的意见，好像有点愚钝的样子。为了真正了解他，能针对他的特点而施教，孔子“退而省其私”，在颜回离去以后，考察他私下的表现，发现他“亦足以发”——也能够发挥老师所讲的内容。孔子因而判定“回也不愚”。对学生的了解和考察应该是细致、全面的，不应以学生某一情境下的表现和片面的认识而妄下定论。孔子“退而省其私”，不以颜回课堂上的表现下定论，既体现了他为了因材施教仔细观察的精神，又体现了他关爱学生的真情。作为教师，有时候容易以学生一时一地的表现片面地认识、评价学生，从而失去了好的教育时机，甚至不经意地伤害了学生。作为教师，对学生下定论，尤其是负面的评价，要慎之又慎；要仔细观察，真正走进学生，更要谦逊谨慎，不可妄下定论。孔子的言行，为我们透过表象了解学生，全面认识、评价学生并由此而因材施教，提供了很好的经验和借鉴。

三、同问异答

颜渊问仁。子曰：“克己复礼为仁。一日克己复礼，天下归仁焉。为仁由己，而由人乎哉？”

颜渊曰："请问其目。"子曰："非礼勿视，非礼勿听，非礼勿言，非礼勿动。"

颜渊曰："回虽不敏，请事斯语矣。"（《颜渊篇第十二》12·1）

仲弓问仁。子曰："出门如见大宾，使民如承大祭。己所不欲，勿施于人。在邦无怨，在家无怨。"

仲弓曰："雍虽不敏，请事斯语矣。"（《颜渊篇第十二》12·2）

司马牛问仁。子曰："仁者，其言也讱。"

曰："其言也讱，斯谓之仁已乎？"子曰："为之难，言之得无讱乎？"（《颜渊篇第十二》12·3）

樊迟问仁。子曰："爱人。"问知。子曰："知人。"

樊迟未达。子曰："举直错诸枉，能使枉者直。"

樊迟退，见子夏曰："乡也吾见于夫子而问知，子曰，'举直错诸枉，能使枉者直'，何谓也？"

子夏曰："富哉言乎！舜有天下，选于众，举皋陶，不仁者远矣。汤有天下，选于众，举伊尹，不仁者远矣。"（《颜渊篇第十二》12·22）

樊迟问知。子曰："务民之义，敬鬼神而远之，可谓知矣。"

问仁。曰："仁者先难而后获，可谓仁矣。"（《雍也篇第六》6·22）

樊迟问仁。子曰："居处恭，执事敬，与人忠。虽之夷狄，不可弃也。"（《子路篇第十三》13·19）

四位弟子问仁，孔子"因材施教"，针对各人不同性情而作答，回答各不相同。

颜渊问仁德，孔子说："节制、约束自己回到礼节、遵从礼节，就是仁了。一旦做到了这样，天下就回归仁德了。仁德修养全靠自己，还能依靠别人吗？"颜渊又问："请问具体的纲领。"孔子回答："不符合礼的事，不看；不符合礼的话，不听；不符合礼的话，不说；不符合礼的事，不做。"听了老师的指点，颜渊心悦诚服，说："我虽然不那么聪明，一定按照老师的话努力去做。"

仲弓问仁德，孔子说："外出做事，如同接待贵宾一样敬慎。管理百姓，像承办大祭事一样小心。自己不想要的、不想做的，不施加给别人。在诸侯国没有怨恨，在家族也没有怨恨。"仲弓道："我虽然不那么聪明，一定按照老师的话努力去做。"

司马牛问仁德，孔子的回答只是有针对性的一点："仁者，其说话迟钝。"司马牛反问："说话迟钝，这就叫作仁吗？"孔子回答："做事难，说话能不迟钝吗？"

樊迟第一次"问仁"，孔子的回答："爱人。"樊迟接着"问知"，孔子说："了解别人。"樊迟没弄明白。孔子说："提拔正直的人，安排在不正直的人之上，能使不正直的人变得正直。"樊迟退出，来见子夏，说："刚才我去见老师问他什么是知，他说：'提拔正直的人，安排在不正直的人之上，能使不正直的人变得正直'，这是什么意思？”子夏说：“这句话意义多么丰富啊！舜掌管天下，在大众里选贤，选拔了皋陶，不仁的人就消失了。汤掌管天下，在大众里选贤，选拔了伊尹，不仁的人也就消失了。”

樊迟第二次“问仁”之前先“问知”，孔子说：“致力于引导百姓遵从道义，对鬼神敬而远之，可以说是智慧了。”樊迟又问仁，孔子说：“仁德的人，先克服困难努力做事然后再收获成果，可以说是仁德了。”

樊迟第三次“问仁”，孔子回答：“平日端庄恭敬，做事情严肃认真，与人相处忠心诚意。即使到别国去，也不可背弃（这三种德行）。”

不同弟子问同样的问题，孔子的回答不一样，乃因材施教；同一弟子问同样的问题，孔子亦有不同回答，樊迟三次问仁，两次问知，虽然是同人同问，但是问的时机、背景不一样，孔子的回答也不一样，更具有针对性，是更富有智慧的因材施教。

孟懿子问孝。子曰：“无违。”

樊迟御，子告之曰：“孟孙问孝于我，我对曰，无违。”樊迟曰：“何谓也？”子曰：“生，事之以礼；死，葬之以礼，祭之以礼。”（《为政篇第二》2·5）

孟武伯问孝。子曰：“父母唯其疾之忧。”（《为政篇第二》2·6）

子游问孝。子曰：“今之孝者，是谓能养。至于犬马，

皆能有养；不敬，何以别乎？”（《为政篇第二》2·7）

子夏问孝。子曰：“色难。有事，弟子服其劳；有酒食，先生馔，曾是以为孝乎？”（《为政篇第二》2·8）

孟懿子问孝道，孔子说：“不要违背礼的规定。”并告诉他在父母生前按照礼的要求服侍他们，父母去世后按照礼的要求埋葬、祭祀他们。

孟武伯问孝道，孔子说：“对父母只为他们的疾病担忧啊。”

子游问孝道，孔子说：“如今的人认为只要能养活父母就是孝了。就是狗、马都能饲养；若对父母没有敬意，那么养活父母与饲养狗、马有什么分别呢？”

子夏问孝道，孔子说：“在父母面前，子女经常保持和悦的表情不容易。遇到事情，晚辈替长辈效劳；有酒和食物，让长辈吃喝，这样就算是孝敬了吗？”

从孟懿子到孟武伯两位鲁国大夫问孝，再到子游、子夏两个弟子的问孝。孔子给出的回答都不一样，体现了孔子因材施教的教育方式。孔子依据各人不同的资质和情况，开出不同的“药方”，有针对性地提出建议，解除他们的疑问和困惑。

孝，中华传统文化要素之一，亦是孔子的核心思想之一。“孝”是会意字，其古字形像一个孩子搀扶老人。从生命的过程看，老少是分不开的。幼小时，离不开长辈的抚养；年老了，离不开晚辈的照顾。孝，是人类生命繁衍、文明传承所不能缺失的。

孔子重视孝，就是关注人类的相互依存、相互关爱。

尽孝不仅体现在“无违”礼节和关心父母身体（“唯其疾之忧”）的外在层面，更重要的是内心对父母的敬重，也就是仁心，这才是孝的根本。如果没有对父母的尊敬，尽管把父母赡养得很好，在孔子看来和饲养犬马也是没有区别的。由此可见，孔子既注重孝道的礼节形式，更注重孝道的内在情感。他是提醒子游，作为儿子内心敬爱父母比养活父母更重要。在回答子夏问孝时，孔子再次强调了内心敬重、真诚的态度是孝的根本：“色难。”这是在提醒，孝敬父母不仅是为他们做事，更是要真心诚意、和颜悦色地和他们相处。在孔子看来，孝是一种礼节，既是对父母物质生活的关心，更是发自内心对父母的尊敬。真正的孝，不仅仅是顺从父母，而是诚心尊敬长辈。有了这样的因材施教，弟子们对孝道的理解就会更加具体、深刻。

子张问政。子曰：“居之无倦，行之以忠。”（《颜渊篇第十二》12·14）

子路问政。子曰：“先之劳之。”请益。曰：“无倦。”（《子路篇第十三》13·1）

仲弓为季氏宰，问政。子曰：“先有司，赦小过，举贤才。”

曰：“焉知贤才而举之？”子曰：“举尔所知；尔所不知，人其舍诸？”（《子路篇第十三》13·2）

三位弟子问政，孔子根据各人特点，提出不同建议。

颛孙师，字子张，比孔子小 48 岁，是孔门弟子中好强、偏激的一位。针对子张“过”“辟”的性格，孔子教诲他为政态度要端正——居于官位不倦怠，兢兢业业；执行政令要忠心。

针对性格有些强横、粗鲁的子路问政，孔子说：“要以身作则、率先垂范，不怕吃苦、真抓实干。”孔子的意思是，作为领导者，率先垂范、勇挑重担，才能带领大家共同做好事情。子路想请老师在其他方面再做一些指导。孔子说：“不要倦怠。”面对不同学生、不同时机，孔子的教诲是不一样的。子路“请益”，孔子希望子路深思细琢，体悟“先之劳之”的丰富内涵。坚持“先之劳之”不易，于是孔子提醒他“无倦”。子张问政时，孔子也说“居之无倦”。倦怠通常是人类的职业心理，2500 多年前的孔子就知道了。人作为历史的产物，有其变化的一面，也有其不变的一面。社会的物质发展一直在新陈代谢、日新月异，但是人性层面、人的精神层面却能穿越时间，亘古不变。

冉雍，字仲弓，名列“孔门十哲”之“德行”科。“子曰：‘雍也可使南面。’”（《雍也篇第六》6 · 1）孔子说他可以做一个地方的长官，就是说他的品德高尚。仲弓担任季氏家主管时，向老师请教，孔子为他支招：“先管好中层，不计较他们的小错，推荐贤良而有才能的人。”仲弓继续问：“怎么识别贤才而推荐他们呢？”孔子答道：“推荐了你所识别的贤人；那些你不知道的，别人能放弃他们吗？”孔子的意思是，作为领导者带头重视贤才，其他人怎么会不向你推荐德才兼备的人才呢？因为仲弓德行高尚，对于他为政的指导，孔子只说具体的操作方法，而不像对子张、子路那样提出为政态度和品行的要求，这就是因材施教。

孔子对学生提出的问题，根据不同的情况给予不同的解答，这样的施教不是单纯地局限于讲统一的道理，给予弟子标准的答案，而是在对话、沟通的过程中对弟子进行启发和诱导。其“循循然善诱人”，不仅针对不同学生，而且针对同一学生的不同境遇。孔子的因材施教是如此精准细致、入木三分。

四、识人施教

孔子因材施教的教育智慧在于其对人性的精确洞察和深刻认识。说出人天资的高低深浅，似乎让人难以接受，但作为教育人，为了把教育尽力做到位，孔子直言不讳，真诚地表达了自己对人性的理性思考和认识。

子曰：“中人以上，可以语上也；中人以下，不可以语上也。”（《雍也篇第六》6·21）

子曰：“唯上知与下愚不移。”（《阳货篇第十七》17·3）

孔子识人、察人精细深刻，他认为人的智力、思维方式、精神追求等是有差别的，大致分为三层：上知、中人、下愚。对于人的学习层次，孔子还说过：“生而知之者上也，学而知之者次也；困而学之，又其次也；困而不学，民斯为下矣。”（《季氏篇第十六》16·9）“生而知之”可谓“上知”，“学而知之”可谓“中人”，“困而不学”可谓“下愚”。既然人的能力、品行有差别，就必须因材施教，分层异步地进行教育。从上面的故事中我们可以感受到，孔子尊重学生的资质，并根据学生的个性和接受能力而施教。孔子把人的资质分成不同层次，是作为师者的理性认知，没有歧视的意思。“中人以上，可以语上也”，即具有一定才智和思维层次的人，才可以和他讨论高深的学问。“不可以语上”不是禁止，而是难以做到的意思。“中人以下”，高深抽象的道理就不易接受。

子贡对老师关于不同人学习层次的区别就有真切的体会，他说：“夫子之文章，可得而闻也；夫子之言性与天道，不可得而闻也。”（《公冶长篇第五》5·13）即老师授教诗书礼乐等古代文献、典章制度，是能够听得到的；老师讲人性与天道，难有机会听得到了。孔子关于“性与天道”的言论是深邃的思想，达不到“中人以上”的智力、思维方式则难以感悟和领会。

“上知”“下愚”是指人心性高低、正偏的区别。“不可以语上”“下愚不移”是“没有教不好的学生”的反证。孔子弟子三千，阅人无数，他很理性、很诚恳，敢于说真话，承认有自己某些方面不能教或教不好的学生。同样诚实的，还有被誉为“美国最佳教师”的雷夫·埃斯奎斯。雷夫说：“有些学生就是教不好的，我不认为所有的学生都会成功。但我认为，我的工作可以给学生一个成功的机会。一个老师的工作是为学生打开一扇门，并且让学生自己走进来。”知识、能力也好，品德、修养也罢，确有不可教的现象，确有接受程度的差异、学习速度的快慢。我们明白了这个道理，就会理性地对待学生，坦然面对教育的效果，减轻焦躁和烦恼。但同时不应因为有“教不好的学生”而放弃教育人的责任。这是遵循因材施教的教育规律，是教师应有的生命意识和教育良知。面对十分优秀的学生，教育人不必骄傲。真正卓越、杰出的学生，靠的主要是天赋和自学，而不完全是教师教出来的，教师只是创造了一些机会和环境而已。据说，孔子曾向师襄、苌弘、老子等老师请教过，但是，他学识、思想的博大精深主要靠的是自我主动、深入学习。子贡说：“夫子焉不学？而亦何常师之有？”（《子张篇第十九》19·22）爱迪生、爱因斯坦上学时都被老师认为是所谓的“差生”，后来却成了杰出的发明家、伟大的科学家。当然，上知、下愚都是比较少见的特殊情况，教育人只能坦然、宽容地面对。通常的教育面对的大多数还是所谓的“中人”。对于这一类的弟子，孔子因材施教的感悟是——

子曰：“性相近也，习相远也。”（《阳货篇第十七》17·2）

从哲学的角度看，人文学科的判断、结论，都是有前提、有条件的，没有放之四海而皆准的绝对真理。从前提、条件和情境的视角理解“性相近，习相远”，也是有范围、有对象、有条件的。从众生生命的本源看，人性可能相同、相近；而现实中呈现出的生命样式却是丰富多样的。从生物的自然层面看，人性相近，所谓“食色，性也”；从精神层面看，人性之别如天壤。“清明灵秀，天地之正气，仁者之所秉也；残忍乖僻，天地之邪气，恶者之所秉也。”(《红楼梦》)孔子所说的“上知”与“下愚”，人与人之间的天性就不相近了。从个体生命的心理潜能看，精神分析学派创始人西格蒙德·弗洛伊德将人的精神结构分为“本我”“自我”“超我”三个层次。就个体而言，“本我”类似于“性相近”，“自我”“超我”类似于“习相远”。如果自己有意识地主动学习，实践进取，“自我”“超我”的层次就会远高于“本我”。人性既有相近之处，又有悖逆相远之处，就像性善、性恶的交错一样。

孔子的“性相近，习相远”对教育而言，给我们什么启示呢？人性之远近值得关注，这是人生命的本源或可利用的资源。面对每个人不同的个性，需要因材施教，才能达到教育目的。“习”，是在一定条件下由“性”转化而成的习性。人与人的不同，既来源于先天之性，更在于后天之学习。孔子因材施教，就是重视弟子的学习和修身，希望他们通过后天的努力，提升人生的境界。

从共性的角度看，普通人的本性有很多相近之处。为什么随着年龄的增长，人与人之间的差距越来越明显呢？因为每个人对学习和修身下的功夫不同。“书山有路勤为径”，一个正常人如果能持之以恒、锲而不舍，始终坚持锻炼、履践，其能力、水平也好，其品德、思想也好，一定会不断提升，达到“下学而上达”的境界。

因为有了这样的思考，孔子经常鼓励弟子们立志勤奋，不断进步。子曰：“譬如为山，未成一篑，止，吾止也。譬如平地，虽覆一篑，进，吾往也。”（《子罕篇第九》9·19）他用通俗的打比方，激励弟子们主动进取。孔子希望弟子们向颜回学习：“惜乎！吾见其进也，未见其止也。”（《子罕篇第九》9·21）孔子赞扬颜回终身学习的韧性和笃行，为的是激励弟子们以身边的人为榜样，自强不息，知行合一，在人生的道路上不断追求进步，做更好的自己。

就所有人而言，“性”是不完全相近的；就部分人而言，可能物以类聚，人以群分，也就是说具有“性相近”的一群人。“性相近”的同类人，就像有些家里的兄弟、双胞胎，但因为自己的奋发努力不一样，就会“习相远”了。本性相近的人，因为人生目标不同、追求不同，专注于不同的事业，而呈现出多姿多彩的人生。就个人而言，积极主动学习，才能做更好的自己。“习”之所以相远，在孔子看来根源在自己主动地“学”，也就是“学而时习之”“学而知之”“下学而上达”。孔子教导弟子们“学”，不仅是学知识，更重要的是学做人、做事。学习改变人生，孔子自身就是最好的例证。孔子认为“性相近，习相远”，既是为了因材施教，也是鼓励弟子们在生活中坚持学习，奋发努力，不断进取。

美国著名高中数学教师罗伯特·阿多特创建了“一对一教学”策略，他认为最有效的教学方法是“因材施教”“启发式教学”，其源头都是孔子的教育思想和方法。教育不能完全改变人，但教育可以影响人。英国教育理论家怀特海说：“学生是有血有肉的人，教育的目的是为了激发和引导他们的自我发展之路。”孔子基于对人性的仔细观察和深刻研究，面对不同性格弟子的因材施教，就是激发、引导弟子们走上自我发展之路——各人“性”有相近，但“习”可相远，勤奋“下学”而可“上达”。

第三篇：寓教于评

一、扬善抑恶，寄予厚望

二、优秀弟子，门人榜样

三、从政评价，德才兼备

四、评价显宦，引领弟子

五、一语破的，侧面引导

教书育人离不开对学生客观、公正的科学评价，以勉励学生健康成长。现代社会的学校教育评价，其主要目的是判断实现教育目标的效果，以不断改进教育活动而提高教育质量。从培养学生的角度看，教育评价的目的是改善教师的教育教学，激发、促进学生的健康成长和发展。作为教育人，既要接受行政部门的评价，又要科学地对自己所教的学生进行恰如其分的评价，激励学生积极上进的热情。就具体的教育活动而言，评价是师生、生生交流互动不可或缺的方式，更是育人必备的策略。评价是把双刃剑，恰当的评价能给学生以鼓励和无限可能的发展空间；不恰当的评价，则会束缚甚至伤害学生，使学生萎靡不振、不思进取。我们感受到了孔子的教育思想和智慧蕴含在他的善学好学、因材施教之中，而孔子对弟子和他人的评价，亦包含其教育的思想和智慧，体现其教育的理想和为人的价值取向。《论语》里孔子对其弟子和他人的评价，主要集中在《公冶长篇第五》、《雍也篇第六》和《先进篇第十一》。

孔子对人的评价策略是多元和开放的，不以自己的要求强加于他人；孔子的评价以正面为主，亦有自己对不满意之处的惋惜，但都是真诚务实的，都是为了促进弟子们或其他人走上人生的正道；这些评价情理相融，既寓教于评，又体现师生真情；

有些评价诙谐风趣，亦蕴含情味。孔子的教育智慧和精神追求很多都寓于其评价之中，对我们今天的教育仍然具有深深的启迪作用。

一、扬善抑恶，寄予厚望

子谓公冶长，“可妻也。虽在缧绁之中，非其罪也”。以其子妻之。(《公冶长篇第五》5·1)

子谓南容，“邦有道，不废；邦无道，免于刑戮”。以其兄之子妻之。(《公冶长篇第五》5·2)

南容三复白圭，孔子以其兄之子妻之。(《先进篇第十一》11·6)

“子”谓“公冶长”“南容”，就是孔子对他们的评价。这里孔子对两位弟子的评价，不仅从语言上肯定他们的为人、品行，而且将他们接纳为自己的女婿、侄女婿，如此的师生之情已经情同父子了。这样的评价，是对他们最高的赞许和鼓励。这样的举动，也在暗示其他弟子要向他们学习。

孔子认为公冶长虽被关在监狱里却没有犯罪，说明他是个有个性的、刚直的人。孔子这样评价公冶长就是提醒弟子们，做人重内不重外。只要内心守着仁道，不管外在处境如何，其人都是堂堂正正的。他评价南容，国家政治清明时，他不被废弃，能出来做事；国家政治黑暗时，他能保护自己，可以免于刑戮。南容常常反复诵读诗句："白圭之玷，尚可磨也；斯言之玷，不可为也"（白玉上的污点可以磨去，说话的毛病造成的不良影响不可挽回），为的是提醒自己谨言慎语，不要因为随口说话而伤了人、误了事。正因为如此，故能做到"邦有道，不废；邦无道，免于刑戮"。

在孔子看来，南容知进退，会权衡。孔子的评价既肯定公冶长不畏权势的"直"，也肯定南容明哲保身的"曲"。孔子能认可各人不同的价值选择，容纳多元的人格，希望弟子们在仁、义的大框架下，为人处世能遵循实事求是、通权达变的原则。孔子以人为本的胸襟开阔的教育评价值得当今的教育人借鉴。教育的根本是人，我们的教育评价应该基于对人的关注和关心，不唱高调，实事求是。

子谓子贱，"君子哉若人！鲁无君子者，斯焉取斯？"（《公冶长篇第五》5·3）

孔子思想品德的本质是仁、义，这也是"君子"应具备的品质。这里的君子，从身份上说，是指有地位的君主和贵族，没有道德判定的意思；从道德上说，是指自身道德修养较高的人；从称呼上说，是指对人的尊称。君子是孔子理想化的人格追求，也是他培养学生的目标。他曾对子夏说："女为君子儒！无为小人儒！"（《雍也篇第六》6·13）当然，个人修养达到君子

的境界不容易，孔子自己也谦虚地说："躬行君子，则吾未之有得。"（《述而篇第七》7·33）

孔子肯定弟子子贱是个君子，再联系下文孔子说子贡"器也"，可看出他对子贱的评价是高层次的。同时，孔子还指出子贱成为君子的原因是当时鲁国尚有良好的君子风气，因而子贱"见贤思齐"好学上进。因为其好学，才能"斯焉取斯"（前"斯"字指子贱，后"斯"字指君子的品行）。孔子评价、赞扬这样的君子，是希望其他弟子向子贱学习，力求做一个品德修养高的人。

子贡问曰："赐也何如？"子曰："女，器也。"曰："何器也？"曰："瑚琏也。"（《公冶长篇第五》5·4）

子贡，"孔门十哲"之一，能言善辩，长于外交，曾任鲁、卫两国之相。他还善于经商，是孔子弟子中的首富。

孔子评价子贡为"器"，比喻其某一方面的专业知识、能力较强，也就是善于雄辩，有才干，办事通达，是个专业人才。孔子说过"君子不器"，这次对子贡的评价没有认同他是位君子。"不器"比喻人的整体素养、人文素质和道德水平相对较高。尽管老师似乎有些贬低自己，子贡还是接受了，接着追问老师自己是什么样的"器"，即自己是什么档次的人才。孔子回答说是"瑚琏"，即尊贵的"器"，是个"大才"。"瑚琏"，是古代祭祀时盛放谷物的贵重器具。子贡主动问老师，请老师对他进行评价，说明他希望达到老师对学生的高层次要求，也就是孔子常说的成为具有理想人格的“君子”。而孔子实事求是评价子贡是“器”，既是对他的肯定褒奖，也是鼓励他继续努力再进一步，朝君子的境界迈进。这就是把教诲蕴含在评价之中。

尽管孔子没有给子贡以君子的评价，有时还抑制一下子贡，但子贡对老师客观的评价很尊重。子贡跟着老师学习，奋发进取，人品境界不断提升。孔子去世后，有人诋毁孔子，甚至说子贡贤于孔子，子贡都给予反驳，维护老师的崇高形象。其他弟子为孔子守墓三年就离去，而子贡守墓守了六年。

尽管孔子没有认同子贡为君子，但其真实的评价使子贡心悦诚服。师生彼此相知，对话很有趣味，其中蕴含着诱教的意味。

子谓子贡曰：“女与回也孰愈？”对曰：“赐也何敢望回？回也闻一以知十，赐也闻一以知二。”子曰：“弗如也；吾与女弗如也。”（《公冶长篇第五》5·9）

以上是子贡问老师自己是怎样的人，请老师评价他。这里是孔子主动提问，以间接评价的方式，通过和同门做比较，让子贡自己评价自己。在那个时代，孔子就已经注重现在我们强调的自我评价了。

孔子让子贡和颜回做比较，我们可以追问两个问题：孔子为什么不让其他弟子和颜回比？为什么不是让子贡和其他弟子比，而是与颜回比？子贡和颜回都是孔子的得意门生，子贡长于言辞、外交和经商；颜回道德修养高，安贫乐道。论综合素质，子贡似乎超过颜回。既然两人各有所长，作为老师的孔子，应该各展其长，不必分出伯仲。孔子之所以让子贡与颜回比较，进行自我评价，是因为子贡在世俗生活上相当成功且富甲一方，而颜回则家徒四壁，生活贫困，孔子担心子贡得意于自己的世俗成就，而不知道像颜回那样的道德境界更值得追求。所以孔子要子贡和颜回比较，且自我评价，其目的不言而喻，就是要抑制一下子贡追求物质的欲望，希望他不要恃富而骄，而要追求颜回品德高尚的精神境界。孔子如此用心良苦，可见其教育情怀与智慧。

子贡不仅善于辞令，后来还做过外交官员。高明的外交家不仅能言善辩，还能准确揣摩对方的心理，做出得体的回应。子贡的实际能力远胜于颜回，这一点他肯定自信。但是，他知道老师厚爱颜回。在孔子的眼里，颜回是最杰出的学生，“贤哉回也”经常挂在孔子的嘴边。子贡就顺着老师的意图，而且答得比老师预想的还要好。子贡没有简单地回答颜回比他强，而是故意贬低自己，以顺应老师的心思——“赐也何敢望回？”意思是我怎能和他相比？这样说了还不够，他又进行了量化比较：“回也闻一以知十，赐也闻一以知二。”这是多么大的差距！这既是子贡的谦虚，说明他有自知之明；又是子贡的聪明之处，揣摩了老师的意图，不会自讨没趣。

孔子也揣摩到子贡的真实心理——子贡虽然谦虚，但说的不完全是真心话，至少说的不全是实情。孔子没有再去问子贡说的是不是真的，而是说“吾与女弗如也”——我同意你的说法，你是不如颜回啊。彼此心照不宣，充满了师生之间沟通的情趣。我们可以想象，这时师生俩大概都在心里窃笑吧。师生之间的融洽情境，如在眼前。

宰予昼寝。子曰：“朽木不可雕也，粪土之墙不可杇也；于予与何诛？”子曰：“始吾于人也，听其言而信其行；今吾于人也，听其言而观其行。于予与改是。”（《公冶长篇第五》5·10）

这里宰予挑战了孔子的价值观：你说“学而不厌”“发愤忘食”，我就白天睡觉。孔子气得不轻，这样批评式的评价似乎是痛斥：你是腐烂的木头，什么也做不成；你是肮脏污秽的墙，不可再粉饰。意思是你这样懒惰不可能让人教育啦。最后还加了一句：我怎么责备你呢？！说是不值得责备了，其实是深深地谴责——此人无法施教了。在责备之后，孔子又做了理性的思考——原来啊，我对人听他说的就相信他会这么做；现在呢，我对人听他说的还要看他是不是按照说的去做。这一改变，是因为宰予。从孔子的这句话中可以推想，宰予有时候说话不算数。孔子对他的严厉评说，也是对其他弟子的警示和教育。

子曰：“吾未见刚者。”或对曰：“申枨。”子曰：“枨

也欲，焉得刚？”（《公冶长篇第五》5·11）

孔子说：“我没有见过刚毅不屈的人。”从孔子的感慨中，可以看出坚定不移、一贯守道之不易。有人回应孔子的话，说：“申枨是刚毅不屈的人。”孔子回应说：“申枨有贪欲，哪是刚毅不屈呢？”孔子理解的“刚”内涵丰富，不是体质、性格之刚强，而是人格、精神道德之刚强；不仅仅是表面的刚强，更是内在的刚强——所谓“壁立千仞，无欲则刚”，心中有自己的价值坚守，才能不为外界所诱惑，这才是真正的刚强。

生活中，人总是有欲望的，但有些欲望是不正当的，人也不能实现所有的欲望。孔子这样评价弟子“枨也欲，焉得刚”，就是要提醒弟子们，欲望不能太多，对于不正当的欲望需要用自身的道德、意志和思想、精神加以节制。否则，被欲望控制而不能自拔，怎么会成为出淤泥而不染的品德坚定的“刚者”呢？

子贡曰：“我不欲人之加诸我也，吾亦欲无加诸人。”子曰：“赐也，非尔所及也。”（《公冶长篇第五》5·12）

当子贡说“我不想别人把意愿强加给我，我也不想把自己的意愿强加给别人”时，孔子的评价是提醒子贡这是做不到的。在孔子看来，别人的意愿固然不能控制，就是自己的情绪、言行，也不是每时每处都能控制的。关于为人处世，子贡曾请教过老师："有一言而可以终身行之者乎？"子曰："其恕乎！己所不欲，勿施于人。"（《卫灵公篇第十五》15·24）"己所不欲，勿施于人"这句话被现代人作为处理人际关系的黄金准则。按一般人的心理惯性，总是"责己宽，待人严"。做到"严于律己，宽以待人"，时时、事事、处处做到"吾亦欲无加诸人"，何其难也！这已经是仁的境界。因此，孔子很冷静地对子贡说："子贡，这还不是你能达到的境界。"这样评价是提醒子贡增强自我意识，不断提高自己的人格修养，成为真正的仁者。

子谓子夏曰："女为君子儒！无为小人儒！"（《雍也篇第六》6·13）

子夏，是"孔门十哲"之一，长于文学。他学习很用功，对《诗经》有深入的研究。子夏曾和孔子讨论过《诗经》上的诗句，激活了老师的思维，师生各有所得，教学相长。孔子对子夏的评价，是希望子夏成为君子儒，而不只是操办红白喜事，混饭吃。在孔子看来，当时儒者有两种：一种是既能负责具体的礼仪，又有较高的道德学问修养，人品较高，孔子称为"君子儒"；一种是只负责具体礼仪和事务，不注重个人修养，没有精神方面的追求，孔子称为"小人儒"。儒者，作为古代的一种职业，最初从事丧葬礼仪，后来兼做其他礼仪，还从事教学。"儒"，由孔子传承、创新，孔门弟子继承、扩展，逐渐成为古代中国学派之一。每个行业中的人都有志趣大小、境界高低之分。孔子作为教师，引导弟子们追求高品位，才逐步形成了儒家学派。孔子乃此学派的创始人。

孔子告诫子夏做“君子儒”，防止他走向过于沉溺典籍文字的狭隘之路，而忘记了世间之道；提醒他不要仅仅专注于章句训诂，而忽略了文字背后的义理和为人之道。孔子对他寄予了很高的期望。作为一名优秀教师，孔子注重把学生往高端引领，充分激发学生潜能，促进其发展最大化、最优化。其评价中“循循然善诱人”的教育智慧可见一斑。

子贡问：“师与商也孰贤？”子曰：“师也过，商也不及。”

曰：“然则师愈与？”子曰：“过犹不及。”（《先进篇第十一》11·16）

子贡问孔子：“子张和子夏，谁胜过谁？”子贡为什么将这两位同学放在一起比照呢？可能他看到两位同学各有所长，就想着自己应该如何向他们学习，于是向老师请教。孔子评价说：“子张有些张扬、过头，子夏有些低调、不够。”子贡继续问：“那么，子张强一些吗？”孔子回答：“过和不及是一样的不圆满。”从思维方式看，“过”“不及”都违背了孔子的“中庸”思想。“中庸”作为做人、做事的最佳状态，既坚持原则，又灵活把握分寸，实事求是地处理好事情，也就是现代哲学上讲的把握适度的原则，达不到“度”不佳，超过了“度”则会变质。比如：自信不足，则自卑；自信过度，则自大。自卑和自大都不好，过犹不及。“不过”且“及”，需要有敏锐的思想和智慧于动态中及时调整、改进，这种理想的状态不易达成，但应该往那样的境界努力。孔子说过：“不得中行而与之，必也狂狷乎！狂者进取，狷者有所不为也。”（《子路篇第十三》13·21）“狂”“狷”，类似于过、不及。“中行”即“不过”且“及”的理想境界。但孔子感叹，交到这样的朋友很难！

孔子对子张、子夏的评价，不是简单、直接地告诉子贡答案和结论，而是呈现事实（“师也过，商也不及”）和自己的思考（“过犹不及”），以启发子贡自己去思索，让他自己得出判断，从中获益。高明、睿智的教育者，用自己的思考激发、激活学生的思考，而不是简单地、灌输式地给予结论。在《论语》里，孔子的教育思想、智慧、方法，都可以从很多评议以及与弟子们的对话中体悟到，而不是条条框框的概念和定义。

孔子评价不同弟子，与不同弟子说话，用不同的表达方式，以符合弟子的个性，激起他们的情绪，引起他们的思考，让他们便于接受。这就是颜回说的孔子的高明教法——“循循然善诱人”。孔子对弟子的评价很真实、真诚，对优秀的弟子由衷赞美、鼓励，对有问题的弟子真心批评、提醒，扬善抑恶，为的是引导他们成长为德才兼备的君子。

二、优秀弟子，门人榜样

子曰："雍也可使南面。"（《雍也篇第六》6·1）

仲弓问子桑伯子。子曰："可也简。"

仲弓曰："居敬而行简，以临其民，不亦可乎？居简而行简，无乃大简乎？"子曰："雍之言然。"（《雍也篇第六》6·2）

古代天子、诸侯和官员听政都面南而坐。孔子评价冉雍"可使南面"，不是说他可以去做国君，而是一种比喻，言其品行高，达到了君子（君主）的层次和境界。

冉雍，字仲弓，名列"孔门十哲"之"德行"科，不仅德行好，也参与管理，曾担任过季氏的总管。

冉雍问子桑伯子这个人怎样，孔子评价说："不错啊，办事简单。"听了老师的评价，他对"简"做了解释：管理者心存敬畏，恪尽职守，办事删繁就简，这样来治理人民，不也可以吗？如果心里想着"简"，做起事来也"简"，敷衍了事，那就太简单了，也就是无所作为、不负责任了。冉雍对"简"的理解，得到了孔子的肯定："你的话是对的。"

作为名列"孔门十哲"之"德行"科的仲弓，心中想到的是不管用什么方法、策略来管理社会，为百姓着想是根本。在当今物质富裕、消费过度的时代，极简主义却成为生活方式之一。就管理而言，在操作层面，有时简单思维确是一种境界。如今，有些工作中烦琐的事情太多，形式主义严重，消耗了人们太多的时间和精力，抑制了人的发展空间，降低了工作效率。“居敬而行简”值得现代人借鉴。

子谓仲弓，曰：“犁牛之子骍且角，虽欲勿用，山川其舍诸？”（《雍也篇第六》6·6）

据说仲弓的父亲出身低贱，品行不端。仲弓本人却品德高尚，孔子说他达到了君子的地步。在宗族世袭制度下，孔子不因出身论人，唯贤是举，没有拘泥成规，难能可贵。孔子用比喻表达了他的观点。“犁牛”，有解释为耕地的牛，有解释为杂色毛的牛，总之是不能用来祭祀的牛；但它的儿子却长着红色的毛（“骍”，赤色），而且角长得周正。虽然人们不想用它作牺牲来祭祀（因为生它的是不能祭祀的牛），但山川之神难道会舍弃它吗？意即一个人的出身不管怎样，只要品德好，社会就不会抛弃他。孔子把仲弓的父亲比作“犁牛”，把仲弓比作“犁牛之子”。“犁牛”虽然出身低贱，“犁牛之子”却品行端庄。

孔子如此评价、赞美仲弓，也是孔子追求仁心的体现。

或曰：“雍也仁而不佞。”子曰：“焉用佞？御人以口给，屡憎于人。不知其仁，焉用佞？”（《公冶长篇第五》5·5）

冉雍仁德优秀，有人却评价他没有口才。孔子回应说：“何必要口才好呢？巧舌如簧去应对他人，常常会被人憎恶。我不知道他的仁德到底如何，但为什么一定要能言善辩呢？”孔子始终实事求是，从不炫耀自己的弟子，这里还谦逊地评价仲弓“不知其仁”，但强调自己坚持的为人之道——“焉用佞？”

孔子一直要求弟子们管好自己的嘴巴——“巧言令色，鲜矣仁”（《学而篇第一》1·3），“君子欲讷于言而敏于行”（《里仁篇第四》4·24），“敏于事而慎于言”（《学而篇第一》1·14）。虽然孔子不反对能说会道（他的弟子子贡、宰我便属于“孔门十哲”中之“言语”科人才），但必须以品德为基础。在孔子看来，仁德靠的是实实在在的行为，而不是能言善辩。孔子曾说过：“有德者必有言，有言者不必有德。”（《宪问篇第十四》14·4）从孔子的评价中我们可以明白，既能实干、做出事功，又善于表达的人，类似全才；但对能做好事情、取得事功，而不善于表达的人，我们也要敬佩；对只说漂亮话不干实事的人，则不应该认同。

子曰：“语之而不惰者，其回也与！”（《子罕篇第九》9·20）

子谓颜渊，曰：“惜乎！吾见其进也，未见其止也。”（《子罕篇第九》9·21）

颜回是孔门品德最优秀的弟子，孔子对颜回的道德精神有过多次评价和赞美。这两章是孔子对颜回勤奋好学、学以致用、孜孜不倦的评价、夸奖。

这里的“不惰”，不仅指上课时听课不懈怠，而且指明白了道理要坚持去做。反面的例子就是冉有，他对孔子说：“非不说子之道，力不足也。”（《雍也篇第六》6·12）我不是不喜欢您讲的道理，而是能力不足以去执行。而颜回的品德都落到实处——“其心三月不违仁”“不迁怒，不贰过”“无伐善，无施劳”。这里孔子感慨万千，评价、赞扬颜回——“语之而不惰”“见其进也，未见其止也”——听我讲课而始终不懈怠的，只有颜回啊；真可惜，他早逝了，我只看见他学习不断地进取，从没有看见他停止不前。

这两章通过对颜回的评价，验证了孔子说明的道理——子曰：“譬如为山，未成一篑，止，吾止也。譬如平地，虽覆一篑，进，吾往也。”（《子罕篇第九》9·19）孔子用通俗的比方阐述了为学、做事、修养的途径，可谓言近旨远。他说：“好比堆土成山，差一筐未堆成，是我自己停下来的；比如填平洼地，虽然才倒下一筐土，如果继续，是我在坚持下去。”进为己进，止为吾止，成败进退在己不在人。

孔子评价、赞扬颜回的韧性和笃行，为的是激励弟子们以身边的人为榜样，自强不息、锲而不舍，在人生的道路上持之以恒地追求进步，做更好的自己。孔子的循循善诱，体现在其语言深入浅出、言近旨远，还体现在评价优秀弟子，利用身边的资源激发弟子们的学习热情和进取精神。

季氏使闵子骞为费宰。闵子骞曰："善为我辞焉！如有复我者，则吾必在汶上矣。"(《雍也篇第六》6·9)

子曰："孝哉闵子骞！人不间于其父母昆弟之言。"(《先进篇第十一》11·5)

闵子侍侧，訚訚如也；子路，行行如也；冉有、子贡，侃侃如也。子乐。"若由也，不得其死然。"(《先进篇第十一》11·13)

鲁人为长府。闵子骞曰："仍旧贯，如之何？何必改作？"子曰："夫人不言，言必有中。"(《先进篇第十一》11·14)

闵子骞名列"孔门十哲"之"德行"科。和颜回一样，闵子骞注重自我修养、洁身自好，对入仕从政毫无兴趣。季氏让闵子骞做费这个地方的长官。闵子骞对来人说："好好地为我辞掉吧。如果再有人来找我，那我一定跑到汶上（汶上：汶水之上，在齐国）去了。"

孔子的学生大多向往从政，孔子亦鼓励学生从政。孔子追求的从政，不是为了名利，而是为了天下太平、百姓安康。但是，孔子对颜回、闵子骞他们安贫乐道而不从政的选择也是尊重、赞赏的。

孔子评价闵子骞的孝道："真孝顺啊，闵子骞！人们对他父母兄弟夸赞他孝顺的话，没有挑剔、非议。"

闵子骞身处在一个特殊的家庭，其母亲早逝，父亲再娶，又生二子。后母对待闵子骞较刻薄，但闵子骞依然孝敬，让这特殊的一家人亲和相处。孝敬父母本是子女应尽之义，无须父母夸奖。闵子骞家境困逆，却能如此真纯地恪守孝道，使得他的父母兄弟都夸赞他。他的行为真的感动了其父母兄弟，实在不易。别人对闵子骞父母兄弟夸赞他的话也十分认同，表明闵子骞的孝是真诚的，在他家所在地方产生了好的影响。孔子亦发自内心地评价他——“孝哉闵子骞！”“孝”作为谓语放在了主语之前，为的是突出、强调闵子骞的这一高贵品德；“哉”是表示感叹的语气词，体现孔子溢于言表的赞美之情。孔子对闵子骞的评价、赞扬，一是激励闵子骞在孝敬父母上做得更好；二是激励弟子们像闵子骞那样，做遵守孝道的人。

四位弟子围侍老师身边，气质外显、个性鲜明、神韵生动。闵子骞谦逊恭敬，子路刚强威武，冉有、子贡从容和悦。看着子路强悍气盛的样子，孔子很高兴，但又说：“像子路这样强横，恐怕不能善终啊。”这似乎是开玩笑，其实是担忧和提醒。不幸的是，这类似于玩笑的提醒，却一语成谶。在颜渊死后一年，子路在卫国争夺君位的战乱中战死，还被剁成了肉酱。孔子在鲁国听到此噩耗后，痛哭不已。

鲁国翻修长府（国库）。闵子骞说：“照老样子怎么样？何必改建呢？”孔子评价说：“这个人平日不大开口说话，一开口就说到要害上。”

对于鲁国翻修扩建国库，孔子的意见和闵子骞一样，应该利用好原有的资源，以减轻老百姓的负担。所以，当闵子骞说“仍旧贯，如之何？何必改作”时，孔子很高兴地给予赞同的评价。

“孔门十哲”之“德行”科的四位弟子，其中冉伯牛因为去世早，《论语》里没有记载他的言行，只有他重病时孔子看望他的记录（《雍也篇第六》6·10）。其他三位，颜回、闵子骞、仲弓因为其人品优秀，品德高尚，孔子对他们的评价、赞美比较多，把他们作为所有弟子的楷模，寓教于评，为的是充分利用身边的优秀人才，鼓励弟子们见贤思齐，择善而从。

子在陈，曰：“归与！归与！吾党之小子狂简，斐然成章，不知所以裁之。”（《公冶长篇第五》5·22）

这是孔子对全体弟子的概括评价，当时的孔子60多岁，已入晚年，在陈遭遇困厄，不禁想到他的弟子，想回到自己的母邦。眷念故土，是人固有的情结，何况还有那么多个性鲜明、出类拔萃的孔门弟子在家乡呢！孔子不禁感慨：回去吧，回去吧。“狂简”，指志向高远，豪放不羁；“斐然成章”，指有文采；“裁”，裁剪，这里是教育、指导使之成长的意思。“不知所以裁之”，这里孔子的评价有夸张的意味，他的弟子水平高，高得他不知道怎么教育他们了，其为师的得意之情表现得淋漓尽致。正常情况下，孔子都是实事求是地评价弟子的。这次在已周游列国多年想回归故里的特殊情境，孔子这样夸张地评价其弟子，是为了表达其兴奋而急于回归故里的心情，为故土那些有志向、有文采的弟子而自豪。“吾党之小子狂简”，每个字都是孔子心中快乐跳动的音符。

门下的学生，在孔子看来，是那样活泼可爱，就像天真烂漫、朝气蓬勃的童子一样，这些可爱的“吾党（党：家乡）”之“小子”是自己“老家”的，个个才华横溢，多么令人自豪。从这样的评价中，我们感受到，这是作为至圣先师的孔子最大的欣慰。

三、从政评价，德才兼备

孔子的教育理想是希望弟子们做个君子。但是他也尊重各人的个性和选择，循循善诱，引导他们各展其能，做最好的自己，且有益于社会，有益于他人。“孔门十哲”中冉有、季路名列“政事”科，是行政管理能力较强的两位。当然，孔门弟子从政的不止这两位。孔子对三位弟子的从政进行评价，体现了他对不同弟子个性能力的精细了解，也体现了他为弟子从政的德行不够而遗憾。德才兼备是孔子的教育理想，是他对弟子们从政追求的希望和心愿。

孟武伯问子路仁乎？子曰：“不知也。”又问。子曰：“由也，千乘之国，可使治其赋也，不知其仁也。”

“求也何如？”子曰：“求也，千室之邑，百乘之家，可使为之宰也，不知其仁也。”

“赤也何如？”子曰：“赤也，束带立于朝，可使与宾客言也，不知其仁也。”（《公冶长篇第五》5·8）

孟武伯问：“子路有仁德吗？”孔子说不知道，他又问。孔子说：“仲由啊，拥有一千辆兵车的国家，可以让他掌管军事，但我不知他是否有仁德。”孟武伯又问冉求、公西赤是否有仁德。孔子说：“冉求嘛，一千户人口的采邑，或拥有一百辆兵车的封地，可以让他担任总管，但我不知他是否有仁德。”“公西赤嘛，穿着整齐的礼服站在朝廷上，可以让他接待宾客，但我不知他是否有仁德。”

孟武伯问孔门三弟子的仁德怎样，孔子不做直接评价有其原因。一是孔子不轻易以“仁”论人，他对自己都警示——“若圣与仁，则吾岂敢！”（《述而篇第七》7·34）。孔子评价人总是实事求是，他对自己的学生很了解，知根知底，说这三位弟子都是有用的人才，但在品德上还不是仁人。二是孟武伯也许想请孔子的这三个弟子去帮他做事，用孔门弟子仁的名声来装扮自己的门面。所以孔子不愿意对弟子是仁还是不仁做评论。三是仁也有抽象的一面，落实到具体的人和事，同一个行为也许可以做出截然相反的解释，所谓“对敌人的仁慈，就是对朋友的伤害”，或好心却办坏事，也是常有的事。四是从《里仁篇第四》中孔子对仁的阐释，不难看出仁是全德，是人品的最高层次。“君子去仁，恶乎成名？君子无终食之间违仁，造次必于是，颠沛必于是。”（《里仁篇第四》4·5）几位弟子各有所长，值得肯定，但品德没有达到仁的境界。孔子既希望弟子们像颜回一样追求仁之全德，也鼓励他们各具所长，成为实干家。这是孔子教育理念的开放和包容，可见其教育思想和智慧之伟大。

子路、冉有长于政事，公西赤长于祭祀、宾客之礼，且善于交际。孔子的评价很务实，只做事实判断，不做价值判断；只说他能做什么，至于做事的效果、价值，他不能保证。其实，就是当事者也不能保证自己所做事的意义和价值。

孔子真实地评价弟子，目的是教育弟子们为人处世必须实事求是，不可弄虚作假。

季康子问：“仲由可使从政也与？”子曰：“由也果，于从政乎何有？”

曰：“赐也可使从政也与？”曰：“赐也达，于从政乎何有？”

曰：“求也可使从政也与？”曰：“求也艺，于从政乎何有？”（《雍也篇第六》6·8）

季康子，鲁国鲁哀公时期实际掌控国家权力的大夫。在位期间，他派人到国外把孔子请回国，请他做国老、当顾问。此时，孔子已经68岁了。他问孔子：“子路、子贡、冉有能不能从政？”孔子评价说：“子路做事果断，子贡处事通达，冉有多才多艺。从政对他们来说有什么难的呢？”

从上一章看出，孔子不用“仁”等道德境界来评估、推荐他的弟子，但他对弟子们的特长很清楚，一直相信弟子们从政务事的能力很强——“由也果”“赐也达”“求也艺”。他的回答很自信，为有这样能干的学生而自豪。“果”，是一种作风，敢作敢为；“达”，是一种胸襟，通情达理；“艺”，是一种才干，能力突出。如果三者俱全的话，那真是理想的高素质的管理者。

冉求曰：“非不说子之道，力不足也。”子曰：“力不足者，中道而废。今女画。”（《雍也篇第六》6·12）

冉有对孔子说：“不是我不喜欢您讲的道理，而是能力不足以去执行。”孔子回应评价，说：“力量不足的人，会尽力走到中途才停下来。现在你是没有向前走。”冉有试图帮助季氏攻打小国颛臾，他的行为违背孔子的仁义之道，在这里却对老师说“非不悦子之道”而是“力不足”。冉有没有直接说出自己做得不好的事，而是委婉地向老师解释和推托。这里孔子没有直接指责，只是暗示冉有，“力不足”是假话，你根本没有把仁德作为自己追求的目标。

尽管孔子评价、认同冉有的才干，称“求也艺”，冉有也名列“孔门十哲”之“政事”科，但是当冉有违背了道义，走上坑害百姓的邪路时，孔子便不能容忍了。

季氏富于周公，而求也为之聚敛而附益之。子曰："非吾徒也。小子鸣鼓而攻之，可也。"（《先进篇第十一》11·17）

季子然问："仲由、冉求可谓大臣与？"子曰："吾以子为异之问，曾由与求之问。所谓大臣者，以道事君，不可则止。今由与求也，可谓具臣矣。"

曰："然则从之者与？"子曰："弑父与君，亦不从也。"（《先进篇第十一》11·24）

这是孔子对学生最愤怒的评价和指责，就是前面骂宰我"朽木不可雕也，粪土之墙不可杇也"（《公冶长篇第五》5·10），也没有这样愤激的语言和态度。尽管季氏已经比周公还富有，冉求作为季氏的管家，还是帮助他搜刮民脂民膏，以增加其财富。面对如此恶行，孔子对弟子们说："冉有不再是我的门徒了，你们可以大张旗鼓地去声讨他！"孔子的话中，隐含着他对民生的关注。个人修养不好，孔子要骂，但只是针对个人；为政超越界限，违反道义，盘剥百姓，则违背"仁政"的思想，危害大多数老百姓的利益，这是孔子所不能容忍的。所以孔子评价仲由、冉求只是"具臣"，就是具有才能的臣属而已，只听从上级要求办事，不守道义；而不是"大臣"，因为他们不能"以道事君，不可则止"，甚至助君作恶。不过孔子知道他们还有最后的底线——如果主人要杀掉父亲和君主，他们也不会随从。

子路和冉有都名列“孔门十哲”之“政事”科，能力都很强，也很尊重老师，可是他们为政不能坚守道义，而是逢迎上级。季氏违礼去祭祀泰山，孔子要冉有阻止，冉有作为季氏的家臣，却没有做到（《八佾篇第三》3·6）；季氏伐颛臾，冉有、子路不能劝阻，还到孔子面前为季氏开脱（《季氏篇第十六》16·1）。面对这些事实，孔子一定感到遗憾、痛心。孔子的传道很注重思想的实施，而不是停留在说教上。他希望弟子们知行合一，不要做语言的巨人、行动的矮子。

孔子对弟子的评价，大多时候和风细雨，滋润成长；当面对自称“非不悦子之道”而“力不足”的冉有，也会金刚怒目，予以训斥。“为政以德”是孔子的理想和追求，对弟子们为政的评价，孔子既针对他们的特长，也不回避他们的问题，为他们的管理能力强而自豪，也为他们不遵守为政仁道而遗憾，希望弟子们能改正错误，做德才兼备的“为政者”，为国泰民安而努力。

四、评价显宦，引领弟子

子贡问曰：“孔文子何以谓之‘文’也？”子曰：“敏而好学，不耻下问，是以谓之‘文’也。”（《公冶长篇第五》5·15）

孔文子，卫国大夫孔圉，“文”是他的谥号，是很高的评价。子贡问孔子：“孔文子为什么获得这么高的评价？”孔子的回答“敏而好学，不耻下问”，既是对孔文子的评价，也表达了自己的追求和求学态度。“敏”于行，“敏”于事是孔子经常提到的工作态度。这里的“敏”是努力、奋勉的意思，一个人要把事情做好必须勤敏不懈。“好学”更是伴随孔子一生，从“十有五而志于学”到晚年的“韦编三绝”，孔子最自信的就是好学。“学而时习之，不亦说乎”“学而不厌，诲人不倦”“发愤忘食，乐以忘忧，不知老之将至”“十室之邑，必有忠信如丘者焉，不如丘之好学也”……唯有敏而好学，才能真正学到知识、学到本领，享受学习和生活的乐趣。

“不耻下问”是“敏而好学”的更高境界。有些地位高的人以向地位低的人请教为耻，而真正的“敏而好学”者，必然会“不耻下问”。孔子本人就是学习无常师，哪里有知识哪里就是学习的地方，谁有知识谁就是老师。正如子贡所说：“夫子焉不学？而亦何常师之有？”孔子自己就是这么做的——“入太庙，每事问”“三人行，必有我师焉”。学习实在是一件快乐的事情，“问”别人长了自己的知识，当然高兴，怎么会因为“下问”而感到耻辱呢？

“敏而好学，不耻下问”，既是对孔文子的评价，也是孔子自身的真切感受，还是对子贡及其他弟子的教诲和勉励。

子谓子产，“有君子之道四焉：其行己也恭，其事上也敬，其养民也惠，其使民也义。”（《公冶长篇第五》5·16）

子产，春秋时郑国贤能的宰相。孔子评价子产具有君子四个方面的品德道义：自己言行谦恭，对待君主严肃慎重，教养老百姓仁慈恩惠，管理老百姓适宜合理。恭、敬、惠、义，每个字都是做人的态度，即使在今天作为公务员的行为准则也依然没有过时。孔子评价子产，是对他的夸奖，也体现了自己的修身价值观和治国理念，更希望弟子们向子产学习，提升自己的品德境界。

子曰：“晏平仲善与人交，久而敬之。”（《公冶长篇第五》5·17）

晏平仲，名婴，又称晏子，春秋时期齐国的贤能大夫。孔子年轻的时候曾到齐国图谋发展，本来齐景公想重用孔子，晏婴却对齐景公说：“孔子是个高傲的游子，他推行的一套周朝礼乐制度烦琐而不切实际，我国需要国富民强，而不是这些繁文缛节。”听了晏婴的话，齐景公逐渐冷淡孔子。孔子不久离开齐国回到鲁国。尽管晏婴不喜欢他，孔子还是很肯定晏婴的才干，做了积极的评价：晏婴善于同人交往，而且长期相处，别人对他越发尊敬。由此可看出孔子的理性和大度。

孔子评价晏平仲“善与人交”是提醒弟子们，交际能力是为人处世最基础、最重要的能力，情商高的作用有时大于智力。善与人交，是作为社会人、管理者应具备的一种能力。

子张问曰："令尹子文三仕为令尹，无喜色；三已之，无愠色。旧令尹之政，必以告新令尹。何如？"子曰："忠矣。"曰："仁矣乎？"曰："未知；——焉得仁？"

"崔子弑齐君，陈文子有马十乘，弃而违之。至于他邦，则曰：'犹吾大夫崔子也。'违之。之一邦，则又曰：'犹吾大夫崔子也。'违之。何如？"子曰："清矣。"曰："仁矣乎？"曰："未知；——焉得仁？"（《公冶长篇第五》5·19）

子张问孔子："令尹子文几次做令尹的官，没有高兴；几次被免职，也没有怨恨。（他每次被免职）一定把自己做的一切政事全部告诉接任的新令尹。这个人怎么样？"孔子说："忠诚啊。"子张说："算得上仁德吗？"孔子说："不知道；——这怎么能算是仁德呢？"子张又问："崔杼杀了国君齐庄公，陈文子家有四十匹马，都舍弃不要了，离开了齐国。到了另一国后，他说：'这里的执政者也和我们齐国的大夫崔杼差不多。'又离开了。再到另一国，又说：'这里的执政者也和我们齐国的大夫崔杼差不多。'于是又离开了。这个人怎么样呢？"孔子说："清白啊。"子张说："算得上仁德吗？"孔子说："不知道；——这怎么能算是仁德呢？"

令尹，春秋时楚国设置的最高官职，掌军政大权，相当于宰相；子文，楚国的著名宰相。“崔子弑齐君”，指齐国大夫崔杼杀死了齐庄公，这在当时引起了极大震动；陈文子，齐国的大夫，名须无。

对这两位贤臣，子张陈述他们的事迹后，请老师评价、判断。令尹子文可上可下，尽心尽责，没有抱怨，孔子评价为“忠”；陈文子谴责乱臣贼子，洁身自爱，不同流合污，孔子评价为“清”。虽然两位贤臣的个人修养都很优秀，但仁是全德，仁者爱人，要推己及人，施惠于人，施泽于天下。在孔子看来，忠、清是优秀的个人品格，但未必就达到仁的境界。

子张对这两位优异的大臣是敬佩的，孔子这样评价，是引导子张不仅要加强个人修养，作为官员还要胸怀天下、造福大众。

季文子三思而后行。子闻之，曰：“再，斯可矣。”（《公冶长篇第五》5·20）

季文子，鲁国大夫季孙行父，他做事情都是反复考虑后才行动。也许有人赞赏季文子的稳重，但孔子听说后，却认为他不必“三思而后行”，想两次就可以赶快行动起来了。孔子认为太谨慎的人，可能优柔寡断。

“三思而行”现在作为成语，是提醒人们处事谨慎。“再，斯可矣”，孔子对于个性特殊的人具体行为的评价，体现了他权变的思维方式。有些人有时候考虑过多，反而成为行动的障碍；

当然，对于过于急躁的人，有时还是需要“三思而后行”的。

子曰：“宁武子，邦有道，则知；邦无道，则愚。其知可及也，其愚不可及也。”（《公冶长篇第五》5·21）

宁武子，卫国大夫。孔子评价其具有知进退的智慧：“国家政治清明时，就展示智慧才华；国家政治昏暗时，就装糊涂人。他的聪明别人赶得上，他好像愚昧的样子别人就赶不上了。”“愚不可及”，后来演变为成语，是贬义的，但这里是褒义，孔子肯定他的做法。“邦无道，则愚”，就是孔子说的“舍之则藏”“无道则隐”。

无论是个人的生存，还是对社会的奉献，孔子都希望弟子们要根据具体情况，既要遵守道德规范，又不能固执偏激，要注重实际效果，灵活处理。正如他曾警示弟子们——“邦有道，贫且贱焉，耻也；邦无道，富且贵焉，耻也。”（《泰伯篇第八》8·13）

子曰：“伯夷、叔齐不念旧恶，怨是用希。”（《公冶长篇第五》5·23）

伯夷、叔齐，商朝末年孤竹君的两个儿子。父亲死后，二人互相推让，都不愿继位。周武王起兵伐纣，他们认为这是以臣弑君，是不忠不孝的行为，曾加以拦阻。周灭商统一天下后，他们以吃周朝的粮食为耻，逃进深山中以野草充饥，最后饿死在首阳山中。

在孔子看来，伯夷、叔齐是追求仁德的“古之贤人也”（《述而篇第七》7 · 15），他们“不降其志，不辱其身”（《微子篇第十八》18 · 8）。这里孔子评价具有仁德的伯夷、叔齐不记以往的仇怨，因此少有对人的怨念。这是讲人的心态和境界，有仁爱的精神，有宽恕的胸襟，就有平静的心态，怨恨也就很少了。现代人讲养身时常提到“三不”——不生气，不计较，不抱怨。怨是与人相处时一不小心就会产生的情绪。此情绪既影响工作的热情，又伤害自己正常的心理，影响生活的质量。康德说，生气是用别人的缺点来惩罚自己。是的，怨恨者伤害最大的是自己，内心充满埋怨，是会严重影响自己的心理健康和心灵平静的。

孔子洞悉人性，知道“怨”对人的困扰和伤害。孔子以评价伯夷、叔齐两位清廉者为例，启发弟子们如何消除怨。孔子还和弟子们说过伯夷、叔齐“求仁而得仁，又何怨？”（《述而篇第七》7 · 15），也说过自己“不怨天，不尤人，下学而上达。知我者其天乎！”（《宪问篇第十四》14 · 35），还表扬颜回“不迁怒，不贰过”（《雍也篇第六》6 · 3），等等。人毕竟是感情动物，人与人相处要做到完全没有怨很难，故孔子说“怨是用希”而不是“怨是用无”。让我们以孔子的“恕道”与人相处，时时关注自己的心灵，有时候有点怨也正常，但要及时消解，拨开乌云，让内心光明。

上面是孔子对当时不同国家大夫的评价，以正面为主。通过评价，孔子希望弟子们学习借鉴这些贤臣的优秀品质，做敏而好学、处事恭敬、善与人交、存义惠民、消弭怨恨的文质彬彬的君子。

子路曰："桓公杀公子纠，召忽死之，管仲不死。"曰："未仁乎？"子曰："桓公九合诸侯，不以兵车，管仲之力也。如其仁，如其仁。"（《宪问篇第十四》14·16）

子贡曰："管仲非仁者与？桓公杀公子纠，不能死，又相之。"子曰："管仲相桓公，霸诸侯，一匡天下，民到于今受其赐。微管仲，吾其被发左衽矣。岂若匹夫匹妇之为谅也，自经于沟渎而莫之知也？"（《宪问篇第十四》14·17）

孔子的两位得意弟子子路、子贡，都对管仲的仁提出了质疑。子路说："齐桓公杀了他的哥哥公子纠，召忽为公子纠而死，管仲没有死。这样是不仁吧？"召忽、管仲都是辅佐公子纠的。齐桓公杀了公子纠，召忽自杀以殉其主，而管仲却没有自杀，反而归顺齐桓公做了宰相。在那个时代，管仲的个人品行是被鄙视的。孔子是怎么看待的呢？他评价说："齐桓公多次召集诸侯，不以武力威胁，是管仲的策划和功劳。这是管仲的仁德，这是管仲的仁德啊！"管仲用和平的方式协助齐桓公安定天下，避免老百姓遭受伤害，在孔子看来这是最大的仁。

子路的观点没有得到老师的认同，大概私下和子贡交流了，子贡也想不通，又去问老师：“管仲不算是仁者吧？齐桓公杀了公子纠，他不为了自己的主子公子纠死，反而做了齐桓公的宰相。”子贡的提问更有主观性，有点咄咄逼人的味道，希望得到老师的认同。孔子回答、评价说：“管仲辅佐齐桓公，称霸诸侯，匡正天下，民众到今天还享受着他的恩惠。如果没有管仲，我们都会披散头发、衣襟向左。难道他要像普通人那样守着小信，自缢于山沟而没有人知道吗？”

子路、子贡看到的只是管仲个人的小节，而孔子关注的是天下大道和众生福祉，并做了权变的解释：一是“仁”应从对整个社会发展是否有益看，而不是用小信小节来衡量；二是在“小仁”和“大仁”之间，人类是纠结的。无疑，每个生命都是有价值的、可贵的。有时候，为了更多的生命，不得不失去少数人的生命；个别人活下来，可能有利于更多的人。就像为了和平，有时不得不发生战争，不得不让人牺牲。管仲的不死，从个人的角度看，可以说他贪生怕死；从有益于天下众生看，其功德不可磨灭，他辅助齐桓公使天下保持了四十年的太平，众生得以安居乐业，中原文化得到发展，这就是管仲的“仁”。

这两章对管仲的评价，是孔子讲“仁”的权变的典型案例。管仲没有殉主，其个人品德遭人诟病。但是他辅助齐桓公建立了更大的功勋，经世济民，造福了更多的百姓。这就是“大仁”与“小仁”的权变。子贡、子路看到的是小节，孔子关注的是大局。“仁”不是空虚的教条主义；仁者应该做出伟大的事业，为国为民带来实在的福祉。孔子所讲的“仁”不是教条的、僵化的，他不是为管仲辩护，而是以管仲为天下后世做出贡献的事实，评价其为“仁者”。其实，孔子也批评管仲的越礼行为（参阅《八佾篇第三》3·22），但是从大的方面，从对整个社会的功勋来看，孔子是肯定管仲的。

孔子这样评价管仲，是使弟子们明白“仁”的最高境界是让天下众生获得安康，而不是子路、子贡仅仅关注的君臣个人关系。

子曰：“直哉史鱼！邦有道，如矢；邦无道，如矢。君子哉蘧伯玉！邦有道，则仕；邦无道，则可卷而怀之。”（《卫灵公篇第十五》15·7）

对于卫国的两位大夫史鱼和蘧伯玉不同的处世方式，孔子都给予了肯定和赞扬。史鱼，邦有道也好，邦无道也罢，都坚持自己的信念，像射箭一样直来直去，豪爽，潇洒；蘧伯玉则是另一种思维方式——识时务者为俊杰。邦有道，出来做官；邦无道，辞官隐居，把自己的本领藏起来。对于蘧伯玉这样或仕或隐，孔子赞赏为君子的行为。

孔子通过对史鱼和蘧伯玉不同性格的比较评价，给弟子们的启发，是对人对事有宽容的态度，有开放的胸襟，所谓“君子和而不同”，不违背伦理，不唯我独尊，不以自己的所好、追求去要求和评价、衡量别人。孔子自己“知其不可而为之”，但不排斥和否定出世或隐居。

五、一语破的，侧面引导

孔子对人的评价以正面、鼓励为主，亦有对不良行为的批评，类似反面教育，以警示弟子们少犯错误，“过则勿惮改”，能及时改正错误，“就有道而正焉”。

孔子是一个率真的人，遇到品德不好的人，看到不好的事，就要提出自己的意见、做出自己的评价，给弟子们以警示。尽管他也时常告诫自己“躬自厚而薄责于人，则远怨矣”（《卫灵公篇第十五》15・15），他甚至想闭嘴——“予欲无言”。但孔子是个实事求是、勇于说真话、有责任担当意识的人，看到违背仁义、人道的行为，他还是忍不住表达自己的观点。这样一针见血的评价，为的是社会的安宁、众生的安康和人类的前途，他宁可豁出去得罪人，也要为布道仁义于天下而仗义执言，这就是他自己说的“唯仁者能好人，能恶人”（《里仁篇第四》4・3），同时也是教育弟子们的一种方式——“见不贤而内自省也”，面对不正当的行为要反省自己，让自己少犯错误。孔子直面问题的批评式评价，表达的是自己真实、切身的感受，而非信口雌黄、无的放矢。这样的评价也是孔子言传身教的示范和引领。

孔子“好人、恶人”，不是为了讨好别人、攻击别人而谋取私利，而是为了驱除人类精神道德天空的乌云，使人间更加光明美好。这就是孔子，真实的孔子，立体的孔子——既“温、良、恭、俭、让”又“好人”“恶人”，既“温而厉”又“威而不猛”“恭而安”；这就是“知天命”情真意切、脚踏实地的教育人，为了人性的进步、社会的发展，勇于承担自己的责任。不管怎样的评价和表现，体现的都是他意济苍生、心怀天下的崇高精神和境界。

子曰：“群居终日，言不及义，好行小慧，难矣哉！”(《卫灵公篇第十五》15·17)

孔子评价一群小气且傲慢的人：“一堆人整天混在一起，谈论的话题不涉及道义，只喜欢耍小聪明，这样的人难以相处、教化！”

孔子这样的评价，从反面警示弟子们：不守道义，结党营私，游手好闲，卖弄小聪明，难有所成。这不是君子所为，而是“小人闲居为不善”。

子曰：“礼云礼云，玉帛云乎哉？乐云乐云，钟鼓云乎哉？”(《阳货篇第十七》17·11)

“玉帛”是礼仪的用品，“钟鼓”是舞乐的器具。孔子感叹的是，有些人谈到礼，兴趣、注意力只在玉帛等礼物上；谈到舞乐，只拿钟鼓等乐器说事。

孔子这样评价礼乐的现状，是告诉弟子们，礼不等于礼物，乐不等于乐器。礼乐的外在形式，其背后应该蕴含着人内在的道德品质和精神价值。如果放弃了礼乐的本质，只关注玉帛、钟鼓这些末节，则礼乐修养教化的内涵就荡然无存了。正如孔子说的："人而不仁，如礼何？人而不仁，如乐何？"（《八佾篇第三》3·3）。

子曰："色厉而内荏，譬诸小人，其犹穿窬之盗也与？"（《阳货篇第十七》17·12）

孔子把外表严厉、内心怯懦的小人比作偷偷摸摸、穿墙挖洞的小偷。孔子鄙视巧言令色、色厉内荏的行为、态度，这样的人心灵永远在阴暗里，见不得阳光。他希望弟子们做表里如一、坦荡荡的君子。

子曰："乡愿，德之贼也。"（《阳货篇第十七》17·13）

"愿"本义是老实、恭谨。"乡愿"就是指乡里外貌忠厚谨慎、实际上欺世盗名的人，即"三无"之人：无原则、无是非、无坚守。

孔子的评价鞭挞、指责他们是"德之贼"——道德的败坏者，欺世盗名的"伪君子"。孔子用这样的反面例子，告诫弟子们要做正大光明的君子。

子曰："道听而途说，德之弃也。"（《阳货篇第十七》17·14）

这是孔子对一些人浅表行为的评价，他们在路上偶尔听到一些传言，就四处传播，卖弄自己的见识，缺乏潜心反省、深思体悟，更没有落实到修行上。这在孔子看来是放弃了道德，是随心所欲的“真小人”所为。

孔子希望弟子们修德养性要避免夸夸其谈。关于品德的修养和持守，孔子的原则是先做后说、少说多做，“敏于事而慎于言”“讷于言而敏于行”“先行其言而后从之”，不可“道听途说”。作为教师，面对弟子们，孔子说的话虽然很多，但是更注重言行一致，落实到行为上，以体现自身的思想和人品。

子曰：“鄙夫可与事君也与哉？其未得之也，患得之。既得之，患失之。苟患失之，无所不至矣。”（《阳货篇第十七》17·15）

这是孔子对人品低下、见识浅陋的人的评价。孔子说，这样的人能和他一起事君、一同共事吗？当他没有得到职位或利益时，担心能否得到；得到了，又害怕失去。如果害怕失掉名利，那就会无所不为。

孔子看透了这种重私利、气量小的人患得患失的微妙心理，也就是他说过的“小人长戚戚”。因为私心很重，患得患失，可能会丧失底线，不择手段。“患得”，即会巧言令色、左右逢迎；“患失”，即会故弄玄虚、暗箭伤人。

这又是孔子从反面警示弟子们，一个人假如患得患失就会不择手段，其德性也就完了。他提醒弟子要有坦荡的胸襟，有舍才有得，学会放下，学会放弃，素位而行，才能做更好的自己。

子曰："饱食终日，无所用心，难矣哉！不有博弈者乎？为之，犹贤乎已。"（《阳货篇第十七》17·22）

对无所事事的人，孔子表示痛心。他评价说："整天吃得饱饱的，不动脑筋做点事，是一种生活的困境啊！不是有下棋的游戏可以玩吗？这样，比不做事混日子要好些。"孔子提醒弟子们不要陷入"饱食终日，无所用心"的境地。

孔子的意思是，人是个闲不住的动物，正常人吃饱饭不去用心做事，真不容易。这是正话反说，讥诮、责备那些游手好闲、不思进取的人。孔子自己"发愤忘食，乐以忘忧，不知老之将至"，这样迥异于"饱食终日，无所用心"的终身学习、发愤向上的精神追求，是弟子们学习的典范。

从上面我们知道，孔子确实评价过不少人，从国家的大夫、家臣，到自己的学生，从本国人到其他国家的人，从君子到小人，有赞扬的，有批评的，有肯定的，有否定的。一般说来"毁誉"也是评价，其背后体现的是个人的观点或社会价值。有些评价是偏颇的，"毁"，可能只看到别人的缺点，从而诽谤伤害他人；"誉"，可能只看到别人的优点，有时言过其实。而孔子的评价总体是客观公正的，其价值追求始终如一，为的是推动形成激浊扬清的社会风气，教诲弟子们且引领整个社会行走在正道上。

他最欣赏的弟子颜回，被他评价为“回也非助我者也，于吾言无所不说”（《先进篇第十一》11·4）。管仲被孔子批评为不知礼，但是也被孔子从有益于天下的角度评价为“如其仁，如其仁”（《宪问篇第十四》14·16）。

从《论语》中可以看出，孔子评价人都是从事实出发，并不是简单的毁誉，而是为了弘扬天下正道，为天下苍生着想，引领大家“见贤思齐，见不贤而内自省”。孔子指出别人的不是、批评别人，不是为了伤害别人，而是为了树立正气，像孟子说的“正人心，息邪说，距诐行，放淫辞”（《孟子·滕文公章句下》）。他批评“乡愿”，就是希望更多人成为正直的人。他评价弟子更是一种真情流露，寓教于评。他赞美颜回、冉雍、闵子骞的优秀品德，斥责宰我、子路、冉有，抑制子贡，戏谑子游，等等，皆非毁誉，而是一种师生间的互动交流和“循循然善诱人”的教育。

子曰：“吾之于人也，谁毁谁誉？如有所誉者，其有所试矣。斯民也，三代之所以直道而行也。”（《卫灵公篇第十五》15·25）

作为教育者，孔子评价的人很多，在别人看来是说遍天下人，可能引起了一些人的反感，他自己也苦恼，于是感慨道：“我对于别人，诋毁了谁，赞誉了谁？”接着解释道：“如有所赞誉，那是经过事实验证的。”孔子表示自己评价人是有根有据，而不是没有依据地信口乱说。是啊，人性复杂，有些人就想做个老好人而不去得罪人，做个正直的人真不容易。孔子也警示自己要“薄责于人”，但是看到不仁不义的事，如果无动于衷，那“君子”的社会责任感何在？真正的仁者，为了人类社会的美好理想，面对复杂的社会和人性，应有爱憎分明的态度，褒扬真善美，鞭挞假恶丑。正因如此，孔子才成为社会仰望的圣人。

作为万世师表，孔子客观的、富有价值的评价，就是“传道授业解惑”，就是对弟子们进行诱导、启发、教化。这样的教育智慧和策略仍然值得当下的教育人借鉴。

第四篇：躬行而教

一、先行其言

二、自身力行

三、子行铭心

四、行礼示范

在学生眼里，老师的可贵之处不仅是学问渊博，更是人格的魅力。教师的人格魅力之一体现在成为学生的表率，要求学生做的，自己先做到，让学生真心佩服、敬仰。许多时候，学生不仅听老师怎么说，还要看老师怎么做。即便知识、技能的教学，比如写字、做题、画画、投篮等，也要有教师的亲自示范。教师做得规范、美妙，吸引学生观看、模仿，就是一种很有效的教学。如果仅仅是讲道理，而缺乏示范身教，教育的效果将大打折扣。就家长、教师而言，如果自己的言传身教在子女、学生心中留下了深刻印象，会使他们回味无穷、终生难忘，这就是最有意义的教育。

善学乐教、因材施教、寓教于评，这些都是孔子的教育智慧。教育智慧产生真正影响力的要领在“躬行而教”。孔子作为至圣先师，既是教育泰斗，又是语言大师。孔子的名言佳句，丰富生动，内涵深邃，流芳百世，对当时的弟子，对后世的人们，都有深刻的教诲和启示作用。孔子的言传能刻骨铭心地影响着弟子们和后人，与他率先垂范的身教密不可分。比如，孔子自己的好学、乐学，影响并带动了很多弟子好学、乐学。言传、身教融为一体，是孔门教育的美好境界和伟大智慧。有教育思想和深刻智慧的教育人都很注重身教的价值，优秀的教育人皆是以身作则的典范。诺贝尔和平奖获得者、著名哲学家史怀哲教授说:“我们只有三个方法教导儿童，第一个是以身作则，第二个亦是以身作则，第三个仍然是以身作则。”“美国最佳教师”雷夫说:“教育最重要的是，我们希望我们的学生成为什么样的人，我们自己就应该是什么样的人。我希望我的孩子们能够友善待人，勤奋学习。这就意味着我必须成为他们见过的最友善、最勤奋的人。”雷夫就是这样做的，他设计多元丰富课程，每天组织学生学习、活动、游学，躬行而教，成为学生的榜样。

孔子的教育同样既注重言传，又重视身教。他向弟子们传授诗书礼乐等历史文化，和弟子们对话，对弟子们进行评价，是“言传”；他和弟子们共同生活、一起周游列国，其为人处世的行为就是化“言传”为“身教”。孔子的“身教”体现其言行一致、知行合一的思想、信念，是其修身施教的实践和价值追求。

一、先行其言

《论语》首篇首章的“学而时习之”，就体现了孔子知行合一的学习哲学。学了知识、本领也好，学了为人处世的品德也罢，都要“时习之”——时时练习，不断实践，让自己一天天在实践中有所收获，形成能力，内化为自己的思想和精神，享受学习带来的成就感和愉悦感，不断成长进步。“学”而时“习”即“知”“行”合一，这样的教育理念，在现代教育中仍然具有价值，是一些教育家的重要思想。陶行知以用好“双手和大脑”“人生两个宝”的主张，传承、阐释了孔子的“学而时习”和王阳明的“知行合一”思想。瑞士著名儿童心理学家和教育家让·皮亚杰力图推广教育新方法。他认为，这些新方法都是以孩子自己动手做事为基础的。孩子的活动在让·皮亚杰的认知发展理论中处于中心位置，他把智力定义为一种面对客体的行为能力。智力，即能对客体施加行为，就是拥有对客体采取行动的能力。（《教育科学与儿童心理学》，教育科学出版社，2018）皮亚杰从儿童心理学的角度出发，认为儿童“动手做事”的行为能力是认知发展的基础，这和中国“知行合一”的教育思想相得益彰。

孔子躬身垂范，教诲弟子们注重为人处世的行动，在实践中修炼，在锻炼中成长，体现了他“学而时习”“知行合一”的教育思想和智慧。

子贡问君子。子曰：“先行其言而后从之。”（《为政篇第二》2·13）

子贡希望成为君子，请老师指教。孔子提醒他，君子的品德应该体现在行动之中，而不是说得多做得少甚至言而无行。“先行其言而后从之”，就是先行动起来，真正把事情做好，你的思想是随着行动体现出来的。孔子并不是让人不说话、少说话，而是提醒人要言行一致，说到做到，不至于言而无信、纸上谈兵。孔子反对夸夸其谈，认为“巧言令色，鲜矣仁”，“巧言乱德”。在当今这样的多媒体时代，不乏重言说、轻行动，说得多、做得少的人，而孔子言行一致的思想“先行其言而后从之”（《为政篇第二》2·13）显得尤为可贵。《论语》里孔子多次提醒弟子们以行为表现自己的能力和品行，好学离不开行动和实践，而不是夸夸其谈、坐而论道。

子曰：“弟子，入则孝，出则悌，谨而信，泛爱众，而亲仁。行有余力，则以学文。”（《学而篇第一》1·6）

子曰：“君子食无求饱，居无求安，敏于事而慎于言，就有道而正焉，可谓好学也已。”（《学而篇第一》1·14）

孔子说：“年幼的人在家要孝敬父母，在外要尊敬兄长，谨慎忠信，博爱众人，亲近有仁德的人。做到了这些还有余力，就再去学习文献知识。”

孔子说：“君子不求吃得饱，不求居住舒适，做事勤劳敏捷，说话谨慎，按照正道修正自己，这样就可以说是好学了。”

孔子的教育理想是成德为先，好学、为学的根本和基础是做人做事。在孔子看来，小孩子“入则孝，出则悌，谨而信，泛爱众，而亲仁”的实际行为就是在学做人；君子“食无求饱，居无求安，敏于事而慎于言，就有道而正焉”的生活态度和处世行为就是好学，追求精神境界的提升。当然“食求饱，居求安”也不是坏事，但人不能仅享受物质生活，还要有精神追求。

这是孔子的为学思想和学习哲学，其内容、价值指向做人、做事、做学问的统一，强调学习为人处世的重要性，是生命成长、人生完美的根本。现在有些学生考上了名牌大学，却因为基本生活不能自理而被迫退学，这种眼高手低的状态值得我们警醒。当下教育应该把做人、做事和做学问三者融为一体，不必机械地分成先后，更不能将其对立。通过综合实践活动培养学生的实际操作能力，养成积极动手做事的好习惯，让陶行知倡导的“知行合一”的教育思想、策略落到实处。

子曰：“古者言之不出，耻躬之不逮也。”（《里仁篇第四》4·22）

子曰：“君子欲讷于言而敏于行。”（《里仁篇第四》4·24）

子曰：“故君子名之必可言也，言之必可行也。”（《子路篇第十三》13·3）

子曰：“君子耻其言而过其行。”（《宪问篇第十四》14·27）

孔子认为，言过其实是君子的可耻。他以古代人的讲信用为例，古人言语不轻易出口，以说出来却做不到为可耻。这是诚信，对别人负责，也对自己负责。说话谨慎，说出的话一定要落实到行动上，行为敏捷，为的是做好事情，而不是浮夸炫耀。行为决定一切，心想事成必然要有行为的经历和过程。英国著名作家凯伦·阿姆斯特朗说：“假使有人曾问及佛陀或孔子，他是否信仰上帝，或许他会微微皱起眉头，非常礼貌地说明这并不是一个恰当的问题……问题的关键并不在于你相信什么，而在于你的行为举止。”作为轴心时代的贤哲，孔子的言行一致、以身示范是那个时代的典范。

这些言行一致、慎言笃行的要求，是孔子对弟子们为学修养、为人处世的一贯要求，也是他自己的行为准则。孟子述仲尼之意，说：“声闻过情，君子耻之。”（《孟子·离娄章句下》）在老师的教诲下，孔门弟子们都很注重自己的实践，在行动中落实老师的教导，提升自己的品行。

子路有闻，未之能行，唯恐有闻。（《公冶长篇第五》5·14）

子路追随孔子时间最长，得孔子真传。做事情得有个过程，不是一蹴而就的。子路听到了什么道理，如果没有来得及去实践，便唯恐又听到新的道理。孔子希望弟子们做慎言笃行的君子——“君子欲讷于言而敏于行。”“讷于言”子路做不到，但子路能做到“敏于行”，是孔门最佳的行动型弟子。

颜渊、仲弓问仁于孔子，孔子回复后，他们分别说：“回虽不敏，请事斯语矣。”（《颜渊篇第十二》12·1）“雍虽不敏，请事斯语矣。”（《颜渊篇第十二》12·2）“请事斯语矣”，即请允许我按照老师的话去做吧。作为“孔门十哲”之“德行”科的两位弟子，都心悦诚服地接受老师的教诲，并决心按照老师的话努力去做，把老师的指点落实到行动上。我们可以想象，有这样两位脚踏实地、业精于勤的弟子，孔子是多么欣慰。德行，无“行”则不见“德”。品行、道德的养成教育，不能仅停留在口头上、理论上，必须落实到行动上。

子曰："诵《诗》三百，授之以政，不达；使于四方，不能专对；虽多，亦奚以为？"（《子路篇第十三》13·5）

孔子很重视《诗经》的教学，经常和弟子们共读、探讨《诗经》。他认为"兴于《诗》，立于礼，成于乐"（《泰伯篇第八》8·8），"不学诗，无以言"（《季氏篇第十六》16·13），"小子何莫学夫诗？诗，可以兴，可以观，可以群，可以怨。迩之事父，远之事君；多识于鸟兽草木之名"（《阳货篇第十七》17·9）。但孔子要求，学《诗》不仅要理解诗意，能够背诵、欣赏诗中的美，而且要活学活用——不仅要读懂《诗经》，还要借此读懂人生，读懂生活；不仅为了记诵诗句，还要运用于实践，提升自我，成就自我。

孔子对弟子们说："诵读、背诵了《诗经》三百首，交给你政事，不能将《诗经》与之融通，处理好政务；出使各国，不能利用《诗经》独立应对谈判酬酢。虽然学得多，又有什么用呢？"孔子作为入世者，注重做人、做事、做学问的完美统一。这里他强调的是学习《诗经》的价值在于学以致用，希望弟子们"学"而时"习"之，不仅背熟了、读懂了，还要融入实际生活付诸实践，这样才能获得学习的成就感，感受到学习的快乐。

子张问行。子曰："言忠信，行笃敬，虽蛮貊之邦，行矣。言不忠信，行不笃敬，虽州里，行乎哉？立则见其参于前也，在舆则见其倚于衡也，夫然后行。”子张书诸绅。（《卫灵公篇第十五》15·6）

子张问如何能让自己到处都行得通。孔子说：“说话忠诚守信，行动恭敬踏实，即使到了遥远的部族地区，也能行得通。说话不诚实守信，行动不恭敬踏实，就是在本乡本土，能行得通吗？站着，就好像看见‘忠信笃敬’几个字直立在眼前；坐车，就好像看见这几个字在车前的横木上。这样就能处处行得通。”子张把这些话写在自己的衣带上。

《论语》里弟子们问仁、问政、问孝等很多，问行，只有这一章，提问者是个性特别的弟子子张。颛孙师，字子张，陈国人，是孔子 55 岁后周游列国时期收下的学生。这里子张问的“行”，是做事、实行的意思，进一步说就是怎样做事才行得通。子张问行，是想到诸侯那儿或大夫家里谋取一官半职。他经常向孔子问政，曾向孔子“学干禄”（求官职获得俸禄）。人生有定向，但有时也会逆转。孔子去世后，子张竟放弃从政，也为人师了。他独立招收弟子，宣扬儒家学说，是“子张之儒”的创始人。在历史上，“子张之儒”列儒家八派之首。

面对弟子对工作行为的提问，孔子的回答除了他一贯强调的要诚恳守信、做事要严谨认真等原则，还教给了子张化原则为行动的方法。孔子用形象的语言告诫子张——“忠信笃敬”

要牢记在心，时刻对照，让观念成为下意识的行为。2500 多年前孔子送给子张的为政之道，对现在职场上的人同样适用。一个人品行好、守信用、做事认真，才能行己之事，成己之业。

子张很信服老师的教导，为了把老师的教诲时刻牢记并落到实处，他把老师说的话写在了自己衣服的大带子上，以便时时可以看到，永远留在心中，就像颜回、仲弓听了老师的话后，都说“虽不敏，请事斯语矣”。孔门的不少弟子向老师请教后，“学而时习之”，实实在在去做，具有这样务实的学以致用的精神正是孔子对弟子的期待。后来，清初儒者、思想家颜元继承、发扬孔门的教育思想、学习精神，说过一句名言：“心中醒，口中说，纸上作，不从身上习过，皆无用也。”这和当下教育注重实践能力培养的“劳动教育”原则可谓异曲同工。

子以四教：文，行，忠，信。（《述而篇第七》7·25）

弟子接受的是孔子四方面的教育：“文”，做学问；“行”，做事；“忠”“信”，做人。孔子以“行”而教，既指自己的行为示范，也指弟子们要在自己的日常行为中处处体现出忠诚和信义。因为对立德树人的恭敬和坚守，孔子的教育向内指向人心，其策略是做人、做事、做学问合为一体的外在行为。孔子希望培养的是胸襟宽广、内心“坦荡荡”的君子，有才能、实干笃行“敏于事”的君子，高尚修养“文质彬彬”的君子。

子曰："二三子以我为隐乎？吾无隐乎尔。吾无行而不与二三子者，是丘也。"（《述而篇第七》7・24）

孔子感慨地对门下弟子说："你们以为我有什么隐瞒吗？我对你们没什么隐瞒的。我没有哪一点不与你们共享的，这就是我孔丘啊。"

也许，有学生背后议论老师讲学留了一手。所以，孔子感叹地说出了上面一番话。被学生猜忌了，孔子很坦诚，没有抱怨责怪学生，而是敞开心扉，开诚布公，表白自己的昭昭心迹。这样的行为态度表现了孔子的大度，就弟子们而言就是老师默默无闻的身教——"躬自厚而薄责于人"（《卫灵公篇第十五》15・15）。孔子表达自己的"无隐"，用的关键词是"行"。这就是告诉弟子们，老师的教不仅仅是语言的讲述，还是日常的身体力行。向老师学习，向他人学习，有时候观其行为可能更重要。子贡说过"夫子之文章，可得而闻也；夫子之言性与天道，不可得而闻也"（《公冶长篇第五》5・13），其实，孔子对人性与天道的认识，更多地体现在日常平凡生活之中。孔子说："四时行焉，百物生焉，天何言哉？"（《阳货篇第十七》17・19）天虽无言，四季运行，百物生长，天道便显示于人。因为有些弟子不注意探求行为之道，只专注文章之学，所以孔子以"无行而不与"启发提醒他们。贤人的思想、品德有高度，但又体现在其日常生活行为之中，看他如何为人处世即可领悟其精神境界。

学问有时就在行动之中，不必完全拘泥于言传。圣贤的行为举止，聪敏机智的人自可从中领会而受益，这就是身教。孔子的言传、身教两者兼备，融为一体。

二、自身力行

孔子不仅教导弟子们言而有信、言而必行，而且率先垂范，以身作则，无声施教。

金无足赤，人无完人。面对自然和生活实际，人生的成长就是一个不断解决问题、改过自新的过程。面对过错，有些人会掩饰而不纠正，就如子夏说的“小人之过也必文”（《子张篇第十九》19·8）。孔子教导弟子们“过，则勿惮改”（《学而篇第一》1·8），“过而不改，是谓过矣”（《卫灵公篇第十五》15·30），他最赞赏的是颜回“不贰过”。被称为圣人的孔子，也有自己的过错，他希望“五十以学《易》”，为的是“可以无大过矣”（《述而篇第七》7·17）。孔子要求弟子们犯了过错应及时改正，那他自己面对过错是什么态度呢？

陈司败问昭公知礼乎，孔子曰：“知礼。”

孔子退，揖巫马期而进之，曰：“吾闻君子不党，君子亦党乎？君取于吴，为同姓，谓之吴孟子。君而知礼，孰不知礼？”

巫马期以告。子曰："丘也幸，苟有过，人必知之。"（《述而篇第七》7·31）

面对陈司败的追问，孔子袒护鲁昭公违背周礼"同姓不婚"的行为，犯了"君子亦党"（君子也偏袒别人）的错误。在公开场合为君主避讳，也许在孔子自己看来这不是错误，而在别人看来不符合礼制就是过错。面对别人的指责，孔子没有狡辩，而是坦然面对，承认自己"有过"，并说别人指出自己的错误，是自己的幸运。能警示自己、承认错误，以这样的姿态面对过错，孔子留给弟子的是坦诚而不虚伪的师者风范。

佛肸召，子欲往。

子路曰："昔者由也闻诸夫子曰：'亲于其身为不善者，君子不入也。'佛肸以中牟畔，子之往也，如之何？"

子曰："然，有是言也。不曰坚乎，磨而不磷；不曰白乎，涅而不缁。吾岂匏瓜也哉？焉能系而不食？"（《阳货篇第十七》17·7）

佛肸召见孔子，孔子想去。

子路说："过去我听老师说过：'亲自做坏事的人那里，君子是不去的。'如今佛肸在中牟叛乱，您却要去，为什么呢？"

孔子说："是的，我说过这话。不是说有坚硬的东西，磨也磨不薄吗？不是说有洁白的东西，染也染不黑吗？我难道是匏瓜吗？怎么能只挂在那里不给人食用呢？”

弟子子路指出了老师犯的错误，孔子说过，亲自做坏事的人那里，君子是不去的。而这次孔子却违背了——佛肸叛乱，召见孔子，孔子却想去。面对子路的责问，孔子没有回避，而是承认自己说过那样的话。当然，孔子就是前往，也不会助恶，会坚守自己的仁德理想，践行自己仁爱天下的为政行为，为天下众生谋安康。孔子两次被谋反者召见，都因子路旗帜鲜明地反对，最终没去。

经历了面对过错反省自己，孔子感叹："已矣乎，吾未见能见其过而内自讼者也。"（《公冶长篇第五》5·27）以此诫勉自己、警示弟子们，面对过错要自我检讨，迷途知返，改过自新。孔子改过的行为，就是润物无声的身教。

师冕见，及阶，子曰："阶也。"及席，子曰："席也。"皆坐，子告之曰："某在斯，某在斯。"

师冕出。子张问曰："与师言之道与？"子曰："然；固相师之道也。"（《卫灵公篇第十五》15·42）

古代不少乐师都是盲人。盲人乐师冕来见孔子，孔子细心热情地接待。冕走到台阶旁，孔子告诉他"到台阶了"，提醒他跨好台阶。到了坐席旁，孔子对他说"这是坐席"，邀请他坐下来。大家都坐好了，孔子告诉他，"某人在这里，某人在这里"，营造朋友聚会的氛围。冕走后，子张问道："这是同乐师说话的方式吗？”孔子说：“是的，这便是帮助盲人乐师的方式。”

在别人眼中的小事，孔子却做得周到、体贴，充满人情味，体现了他的仁心和对人的尊重、关爱。盲人乐师虽然看不见孔子的面容，但听着孔子轻声细语的关切提醒，一定感受到满心的温暖。孔子的仁爱之心，就体现在待人接物的日常举止之中。这样自然的举动，是品德的自然流露，也是对弟子们默默无闻的教诲。从下文弟子们能关注、记下孔子的行为事件，可以看出孔子的身教已经落到实处，给弟子们留下了深刻的印象。他们不仅听孔子讲学，还细察深悟老师的一言一行，从中获得感悟和启迪。孔子自然身教，弟子诚心审察。此孔门教道之真谛，亘古永存。

三、子行铭心

仁爱是孔子的道德观念、核心思想和终极理想。孔子对弟子们为仁之道的言传教诲很多，在弟子们眼里，孔子更是自身践行仁德的典范。孔子的道德行为铭刻在弟子们的心灵，弟子们敬佩他“子罕言利与命与仁”(《子罕篇第九》9·1)。从孔子为人处世的举止中，弟子们知道了老师“不义而富且贵，于我如浮云”(《述而篇第七》7·16)的价值观落实在了行动上。孔子知命、依仁而罕言利，不追求富贵，坚守自己的责任和担当，依循仁道竭力而为，完成生命必须承担的使命。

子之所慎：齐，战，疾。（《述而篇第七》7·13）

弟子们关注到孔子对斋戒、战争、疾病这三件事小心谨慎的行为。斋戒是为了祭祀，是出于对祖先、神灵的敬畏。孔子敬畏生命，斋戒、战争和疾病，这些都关乎人的存亡，必须慎重对待。孔子这样的行为态度，体现其仁爱之心，给弟子们以启示。

子不语怪，力，乱，神。（《述而篇第七》7·21）

平时师生交流，弟子们从没听孔子说过怪异的事、暴力的事、叛乱的事、鬼神的事。孔子尊重生命，“不语怪，力，乱，神”，而是弘扬仁道之正能量。孔子这样的表现、态度，暗示弟子们“怪，力，乱，神”有悖常理，不具备普遍性，人应该关注的是品德、情智、行为的修养，而不是施暴逞强、以力屈人，依赖鬼神。

孔子既有高远终极的理想追求，又关注人的普通正常生活。这就是高境界的思想家，追求理想而不虚空，关注生活而不鄙陋。

子绝四——毋意，毋必，毋固，毋我。（《子罕篇第九》9·4）

弟子们关注孔子的“四毋”行为——不凭空猜想，毫无实证；不绝对肯定，一意孤行；不固执拘泥，钻牛角尖；不自以为是，非我莫属。这样的行为态度，体现孔子的宽容、大度，其思想、决策遵循客观规律，与人相处时，考虑别人的感受，注意与别人的沟通，避免唯我独尊，从而相互理解，相互助益，以友辅仁。

《论语》里以“子”而非“子曰”开头的一些章节主要在《述而篇第七》和《子罕篇第九》这两篇，是弟子们对孔子言行、表现的描述和思想、观点的判断，这些深深地留在了他们的记忆中、心灵里。我们从中可以感受到孔子的人品和智慧，看到孔子的言行一致和身体力行。弟子们与孔子一路同行，深切地体悟和崇敬老师的言行，同时学习老师为人处世的表现和态度，感受老师的垂范身教。

厩焚。子退朝，曰：“伤人乎？”不问马。（《乡党篇第十》10·17）

朋友死，无所归，曰：“于我殡。”（《乡党篇第十》10·22）

在马棚失火，朋友去世这两件事中，弟子们关注到的老师行为，体现了孔子对人生命的关爱。在具体事件中，人的生死远远重于马。弟子们记下孔子“不问马”“于我殡”，突出的是孔子对人的关注。重大事故发生时，救人应是摆在第一位的，且应不惜一切代价。其实，孔子对动植物等人之外的生命同样关爱，以下孔子的行为，给弟子们的启发就是具有仁爱之心的老师不仅爱人，同样爱物、护物、保物。

子钓而不纲，弋不射宿。（《述而篇第七》7 · 27）

弟子看到孔子钓鱼、射鸟时，他只用鱼钩钓鱼而不用网捕鱼（以免大鱼小鱼一网打尽），用带绳子的箭射鸟，但不射巢里栖息的鸟（此鸟可能在孵小鸟）。这样的行为，让弟子们感受到老师对生命的关爱和敬畏。

人为了生存，不可能不杀生。但人有思想，有同情怜悯之心，杀生要有节制，不能滥杀，既是为了动物的生存，持续提供给人的生存所需，也是人类对自然万物的善意。其实，爱万物就是爱人类自身。在很多物种因人类活动而不断灭绝的今天，孔子对生命爱护和敬畏的博爱思想，值得我们学习。

色斯举矣，翔而后集。曰："山梁雌雉，时哉时哉！"子路共之，三嗅而作。（《乡党篇第十》10 · 27）

孔子和弟子们行走在山谷中，一片绚丽色彩骤然腾空而起，原来是一群野鸡突然从眼前飞过，盘旋一阵后一起落在不远处。孔子看到此情此景，脱口而出对弟子们说："从山梁那儿飞来的母野鸡（带着一群小野鸡）啊，我们等一等，等一等！别再惊扰它们了。"孔子知道野鸡胆小，况且还有一群幼雉，现在惊扰了它们，使它们害怕了，便心生歉疚，恻隐之心油然而生，立即说："等一等，等一等！""时哉时哉"（时，通"伺"，等待），意思是要弟子们停下来不要走动，避免再惊吓到这群野鸡。子路看到老师这样怜悯、爱护野鸡，便向它们拱拱手，表示恭敬。

过了一会儿，子路反复观察野鸡的动静。这里的“嗅”，不仅指用鼻子闻，还指以视觉、听觉去感受周围环境的动静。估计一直等到野鸡们走远了，孔子和弟子们才动身继续向前行走。面临这样不期而遇的场景，孔子的恻隐之心自然流露，反映了他爱物、护物的仁爱之心，给弟子们以启迪和示范。

四、行礼示范

孔子很注重礼仪，但不是为了礼的形式而炫耀自己。礼的外在表现反映的是内心的精神和品德，正如他所说：“人而不仁，如礼何？人而不仁，如乐何？”（《八佾篇第三》3·3）在礼的行为中，要表里合一，和善地与他人相处。对群居的人类社会而言，古代的礼就是社会规则。当然，礼作为社会规则，应该与时俱进，适应社会发展的需要，不同时代、不同社会，应该有不同的礼制。孔子崇尚传承上古的礼仪，为的是春秋时期能国泰民安、天下太平。用现在的眼光看，孔子的一些礼仪行为似乎过于拘谨、烦琐，甚至让人难以理解。但他已经注意承先启后、推陈出新，引导弟子们学礼、行礼。关于礼节的教育，孔子更是率先垂范，以身行来教化、引领弟子们。

君召使摈，色勃如也，足躩如也。揖所与立，左右手，衣前后，襜如也。趋进，翼如也。宾退，必复命曰：“宾

不顾矣。”（《乡党篇第十》10·3）

食不语，寝不言。（《乡党篇第十》10·10）

席不正，不坐。（《乡党篇第十》10·12）

乡人饮酒，杖者出，斯出矣。（《乡党篇第十》10·13）

问人于他邦，再拜而送之。（《乡党篇第十》10·15）

升车，必正立，执绥。

车中，不内顾，不疾言，不亲指。（《乡党篇第十》10·26）

国君召见孔子让他去接待宾客，他总是脸色庄重，脚步轻快。他向两旁站着的宾客作揖，向左向右拱手，礼服前后摆动，却整齐不乱。快步向前时，就像鸟儿展开了翅膀一样。宾客辞别之后，他一定回报国君说："客人已经走远不回头了。"

这里体现了孔子温文尔雅、文质彬彬的风范。而有关饮食起居、坐卧行走的日常礼仪，则展示了他的修养和气度：

吃饭的时候不交谈，睡觉的时候不说话；坐席摆放不合礼制，就不坐；同本乡人一起宴饮，等到老人都出去了，自己再出去；托人向别国的朋友问候送礼，在为受托者送行的时候，向其拜两次；上车时，一定先端正地站着，拉着扶手带上车；在车里不回头看，不高声说话，不用手指指点点。孔子的这些行为既是遵循礼仪的表现，也反映了他对自己严格要求的态度。

《乡党篇第十》是《论语》中特殊的一篇。《论语》20篇，主要记录孔子说的话、孔子和弟子的对话以及一些弟子的话，以孔子的话、孔子和弟子对话为重点，只有这一篇全篇记录孔子的行为表现。从上面选的几章中，我们可以感受到，孔门弟子像现在的拍客，用一个个微镜头、微画面，把我们带到两千多年前孔子的身边，他的容色举止、翩翩风仪，如在眼前。可以想象，弟子们跟随孔子，和他在一起，除了听他言语教诲，同样注意观察他在不同时间、地点和情境下的行为，感受他在不同场合的待人接物表现，并将亲眼所见、亲耳所闻铭记于心，最后编撰于《论语》之中，向老师优良、高尚的立身处世行为学习。由此可见孔门弟子的用心和好学，也可见孔子躬行身教对弟子们的深刻影响。

身教，是教育的高境界。新加坡华人诗人柳北岸，为了培养自己的孩子读书，在家营造书香氛围，自己率先垂范。他说："我买了大量的书，放在地上，任由孩子们看。他们把书翻得乱七八糟，东南西北丢得满天满地，我一声不响地替他们收拾。隔一段时间，又买进另一批新书，任由他们翻。我从来不逼他们读，可是，他们见我读得津津有味，而满屋子的书又伸手可及，一个个都自动自发地成了爱书人。"

孔子的内在修养深厚，他的外在言行蕴含着其内在的道德底蕴和价值，弟子们从中领悟到孔子对礼的虔诚、对他人的关爱和尊重，以及生活的细腻和严谨，由此来理解他们敬爱的老师的一言一行、一举一动的内涵，并虔诚地向老师学习且记录下来，让后来者一方面据此了解并敬重、追随他们的老师，一方面也是把这些记录作为他们和后人为人处世的行动指南与行为准则。当然，孔子的身体力行、率先垂范只是他个性和修养的自然流露，但是在弟子们看来却是老师的身教。孔子作为内在涵养极深的仁者，弟子们从其行为中一定能受到启迪并得到感悟。

“你做的事决定你是谁”，这是一句西方格言。孔子体现自己思想道德的行为，是最有意义和价值的教育。他留给弟子的，既有言传，更是身教。

润物无声，躬行而教，是孔子高境界的教育思想和智慧。

第五篇：教学相长

一、师生共学

二、师生琢磨

三、以生启师

四、师生共享

作为教育人，最大的快慰是培养了很多优秀弟子，“桃李满天下，春晖遍四方”。因为“从吾所好”，孔子立志于教书育人，他善学乐教、因材施教、寓教于评、躬行而教，孔门有弟子三千、七十二贤人。在立德树人的同时，孔子享受着和弟子们同学共进的快乐。前面我们已经感受到，作为至圣先师的孔子，首先是位好学者、善学者、博学者，因为自己“学而不厌”，“温故而知新”，所以才“诲人不倦”，“可以为师矣”。他在教诲弟子们的同时，“发愤忘食，乐以忘忧”，仍然有着强烈的自我学习意识，使自己永远行走在“苟日新，日日新，又日新”的学而进之的终身学习的征程上。

在孔子看来，除了自我学习，和弟子们对话、教导弟子们，也是和弟子们相互学习、共同提升的过程。弟子的提问、追问、质疑，经常激活孔子的思想，师生之间的头脑风暴不断激发彼此的思维创新，这就是“教学相长”的教育价值。同样是轴心时代的大教育家苏格拉底也认为：和学生向老师学习知识一样，教师也可能从学生身上学到很多知识。我们可以从《论语》里孔子与弟子们交流、沟通的故事中，感受其教学相长的真情和智慧。

一、师生共学

颜回，字子渊，比孔子小 30 岁，名列“孔门十哲”之“德行”科之首，品德高尚，刻苦好学，是孔子的得意门生。孔子经常赞美颜回：“贤哉，回也！一箪食，一瓢饮，在陋巷，人不堪其忧，回也不改其乐。贤哉，回也！”（《雍也篇第六》6·11）“有颜回者好学，不迁怒，不贰过。不幸短命死矣，今也则亡，未闻好学者也。”（《雍也篇第六》6·3）

子曰：“回也非助我者也，于吾言无所不说。”（《先进篇第十一》11·4）

这是孔子真诚的感慨，既有点得意，弟子这么好学、听话，于我的讲学没有不心悦诚服的；又有些遗憾——颜回缺乏批判精神，不敢向老师提出疑问，对我没有什么助力啊。也许是对老师过分崇拜，颜回从来不违背孔子，从来不对老师的思想观点提出质疑、反诘。孔子希望弟子们在听了老师的教诲后进一步质疑、追问，从而促使师生对双方的观点和思想有进一步的思考和补充，师徒共进。这就是孔子对“教学相长”教育价值的追求。

因为孔子希望弟子们质疑、追问，独立思考，所以他的学生中，子路就常常反诘老师，子贡、樊迟、冉求等一大批弟子也不断地向老师提出各种各样的问题。老师回答了，如果他们不明白或不赞同，就一定要追问到底。孔门师生的教与学常常表现为自由交谈，师生在各种观点、思想和思维方式的碰撞中，互相启发、激活，各有收益、长进。

宰我常常质疑孔子的观点，他问："有仁人掉入井里，仁者会跟着跳下去吗？"孔子理性地应对："君子可以叫他远远走开不再回来，却不可以陷害他；可以欺骗他，却不可以愚弄他。"（见《雍也篇第六》6·26）。宰我质疑孔子倡导的"三年之丧"的旧制，从现实生活的角度提出他自己"一年守丧"的新制，也有一定的道理。孔子没有发脾气指责他，而是过后说出自己的想法："儿女生下来，三年以后才能完全脱离父母的怀抱。替父母守孝三年，天下都是如此。宰予难道就没从他父母那里得到三年的爱护吗？"（见《阳货篇第十七》17·21）

公山弗扰、佛肸作为大夫的家臣皆图谋反叛主人，都想召请孔子前去辅助他们。见老师要往背叛的人那儿去，子路很不高兴。面对弟子的指责，孔子没有生气，而是道出了自己的心声，面对弟子的质疑，孔子经过斟酌后，就取消了前往的念头。这些故事从反面说明，作为教育大师的孔子对"有教无类"的坚信和对教学相长的坚守。孔子作为高层次、视野开阔的教育人，理性面对不同的甚至矛盾对立的观点，更希望有思想交锋的对话和思维激荡的讨论，而不仅仅是唯师是从，"于吾言无所不说"。孔子希望弟子们多多质疑、反复诘问，且反思意识很强地从学生的疑惑、追问中深入自己的思考，以生为师，深化、完善自己的观点。正如王阳明所说："攻吾之短者是吾师。"

师生间的对话和质疑，可以激活思维，激发表达，双方经历这样的头脑风暴，都会获得启发，有所收益。好的话题，能引出意想不到的深刻思想和精彩表达。孔子、孟子、苏格拉底等古代教育家的教学，主要就是在和弟子们的沟通、互动中进行的，他们的很多思想也是在和学生对话、探讨甚至交锋辩论中生成的。孔子与弟子对话、切磋，注重"不愤不启，不悱不发"的启发式教育；苏格拉底运用"产婆术"与弟子、他人探求普遍的知识，是西方最早的启发式教育，通过双方交谈、相互答问的对话过程，揭示双方谈话的矛盾之处，得出一般化的理性认识。有时在自相矛盾的对话、分析中，语言、思想的智慧会喷薄而出、熠熠生辉。这给当今教育者的启示是，我们教学的很多灵感正是来自学生的疑问，来自学生意外的回答，所以教师一定要鼓励学生质疑、提问、追问，重视、关注学生提出的问题。教师对学生的问题，不能只是简单地判断其对错，而要从中生成自己的思考，同时找到启发学生的思路。日本教育学博士佐藤学说："教师要像采撷珠宝一样珍视每一个儿童的发言。"这是尊重学生，也是珍视教学相长的资源。面对问题，各抒已见，相互探讨，受益的是师生双方。教师解答学生的提问，不仅是帮助学生，也是在提升自我。师生在沟通、互动中，才能师生共学、同学共乐，教学相长。

正常的师生关系，从客观、外在的角度定义，教师的地位、学识一般要高于学生，学生要听从、接受教师的教导。更高层次的师生关系应该是“同”“学”关系、朋友关系。所谓“同”“学”，指共同学习、教学相长。真正的教不仅是教学生学，教者自己也能从中学习，提升自我，日有所进。所谓朋友关系，指高层次的教师和弟子互相尊重、平等相处，建立起深厚情谊，成为良师益友。美国著名教育家杜威说：“一切沟通（因而也就是一切真正的社会生活）都具有教育性。当一个沟通的接受者，就获得扩大的和改变的经验。一个人分享别人所想到的和所感到的东西，他自己的态度也就或多或少有所改变。传递的人也不是不受影响。”孔子教诲弟子就是和弟子们对话、互学的过程，也是沟通、交流的过程。他这样的为师之道和人品在《论语》诸多章节中都有所体现，值得我们细细体味。下面以孔子和弟子子贡的对话为例，感受他们的师生对话中教学相长的美妙情境。

二、师生琢磨

子贡曰：“贫而无谄，富而无骄，何如？”子曰：“可也；未若贫而乐，富而好礼者也。”

子贡曰：“《诗》云‘如切如磋，如琢如磨’，其斯之

谓与？”子曰：“赐也，始可与言《诗》已矣，告诸往而知来者。”（《学而篇第一》1·15）

子贡问老师：“贫穷却不讨好别人，富有却不在别人面前显摆，怎么样？”子贡这样问，是因为他通过经商成为富翁，但走进孔门，在孔子的熏陶下，他开始注意自己为人处世的品德修养。作为富有者，他已经做到不骄傲自大了。他向老师请教的意图，是自己已经做到这样，人品可以吗？希望得到老师的认可和指教。从前面我们已经了解到，《论语》里子贡多次希望得到孔子对其人格的肯定，这表明作为富有者的子贡，既注重物质，又注重自己的道德精神。

听了子贡的问题，孔子答道：“这样已经不错了。但是，还不如虽贫穷却快乐，虽富有却谦虚好礼。”孔子肯定子贡已经达到的水平，鼓励他走向更高的境界——超越贫富，关注自己的品德修养和精神境界。孔子回应弟子的这句话是被子贡的提问激发出来的，显然比子贡的话高了一个层次，已经体现了教学相长的价值。这样的对话，也是思维碰撞、相互琢磨的互学过程，值得细细玩味。

面对子贡所问的“贫而无谄”，孔子的思维被激活，生成“贫而乐”的思维灵感。贫而乐，不是让人安于贫困、不思进取，而是以坦然的心态对待现状，不为之所困，用乐观、积极的态度走好自己的人生之路。

孔子表扬颜回“一箪食，一瓢饮，在陋巷，人不堪其忧，回也不改其乐”，不是鼓励颜回安于贫穷，而是赞赏他对待贫穷的心境和态度。孔子与弟子们曾被人围困在陈、蔡之间，却弦歌不辍；周游列国期间，颠沛流离，还被一位郑人称为“丧家之狗”，孔子听说后却开心地说：“他说我像丧家之狗，是这样的，是这样的！”其实，孔子也是个穷孩子。传说孔子才出生几年，父亲就去世了。16岁时，母亲也去世了。孔子说：“吾少也贱，故多能鄙事。”（《子罕篇第九》9·6）指自己出生于底层，所以学会了不少低微粗陋的技艺。孔子无爹娘可拼，坦然面对现状，不怨天尤人，好学上进，“十有五而志于学，三十而立，四十而不惑”，最终成就了品德高尚的自我。面对人生的坎坷和苦难，孔子以“贫而乐”的积极态度面对，通过好学奋进，攀上了生命的巅峰。因为有亲身经历和体验，子贡的话触发了孔子的思维灵感，孔子说出了“贫而乐，富而好礼”这样给人以道德启示的建议，鼓励作为富有者的子贡成为文质彬彬的君子。

这一问一答，让我们感受到师生间的教学相长和相互沟通的理趣和乐趣。接下来的一回一应，更体现了师生间思维碰撞而生成的智慧和情趣。子贡听了孔子的回答，不仅欣喜地接受了老师的教导，还由此生发联想。他想到了《诗经》里的两个词“如切如磋，如琢如磨”——加工骨头谓之切，加工象牙谓之磋，加工玉石谓之琢，加工石料谓之磨——比喻研究学问精益求精的功夫。子贡的这句话可理解为：从“贫而无谄，富而无骄”到“贫而乐，富而好礼”，是道德修行砥砺的过程，就像工匠加工骨、牙、玉、石，不断雕琢、打磨，精益求精。我们可以从教学相长的角度理解，子贡向老师请教、提问，老师指教、回答，他们之间的对话就是我们现在所说的“切磋琢磨”，从而使两个人对如何对待贫富的理解都有了更深刻的认识。由于相互切磋，他们思想上都有了收获。子贡的意思是，老师您把我的问题切磋琢磨了，意义更精深丰厚了，我的收获也更大了。从子贡的这句话，我们可以想象出他的兴奋和激动。能这样自由、毫无顾忌地和老师对话，可以推想平时孔子和弟子们之间宽松、平等的共学氛围，既有深度的理趣，又有浓厚的情趣，还有愉悦的谐趣。《论语》的故事和场景如此生动鲜活，当我们通过语境想象，还原出场景和人物的音容笑貌，就会超越时空，读出有情有趣的孔门之教和活生生的孔子，享受阅读的快乐，体悟孔子的人格风范和教育智慧。正如日本学者白川静在《孔子传》中所说：“我们在阅读《论语》时，不仅能想象到孔子的音容笑貌，也能捕捉到那不灭的精神。”

孔子对子贡的回应，带着感叹的语气。从中我们同样可以感受到，作为老师的孔子，内心是多么兴奋和激动。如此和学生沟通、探讨，作为教者是多么有智趣、有意味且有收获。孔子接着说：“现在可以和你谈论《诗经》了，因为告诉你已知的话，你却能明白隐藏在其中的含义，推想未知的道理，体悟到言外之意。”这是孔子在为子贡能举一反三以及对语言的敏感和联想的敏捷而点赞。因为子贡的回应，孔子又有了现场的收获，对“举一反三”又有了一种精彩的表达——告诸往而知来者。这是为师者多大的欣喜和收获。

由这个故事，我们是否可以想象到，孔子的教学相长，不就是“有朋自远方来，不亦乐乎”？孔门弟子来自四面八方，孔子和弟子们在对话、沟通中思维发生了碰撞，双方均受益，获得教学相长、共同提升的快乐。这里的乐，不仅是弟子们的为学之乐，也是孔子的为师之喜。正是经常有这样的经历和体验，孔子才能说出“有朋自远方来，不亦乐乎”这样发自肺腑的话语。师生、朋友间各抒己见、互学分享，是一种愉悦、美好的享受。

三、以生启师

上文孔子和子贡充满情趣、意涵丰富的对话，蕴藏着孔子和弟子教学相长的教育智慧和良师益友的师生之情。而孔子和子夏的对话，则是教学相长的更高境界。

子夏问曰：“‘巧笑倩兮，美目盼兮，素以为绚兮。’何谓也？”子曰：“绘事后素。”

曰：“礼后乎？”子曰：“起予者商也！始可与言《诗》已矣。”（《八佾篇第三》3·8）

子夏，姓卜，名商，是孔门后期的“高才生”，名列“孔门十哲”之“文学”科。子夏向孔子请教《诗经》里诗句的含义：“有酒窝的脸笑得美呀，黑白分明的眼流转得媚呀，洁白的底子上画着花卉呀。”这几句诗是什么意思？孔子回答：先有白色的底子，然后才画花。子夏接着问：“那么，礼也是在仁之后吗？”意思是礼是经过装饰美化的外在文雅仪式，但它的背后蕴含着本色的东西，这本色的东西应该是同情、互敬的仁爱之心。子夏没有说出这么具体的解释，但孔子领悟到其中的含义，礼仪无论怎样繁华热闹，如果缺乏了仁爱、真情之本，只能是空中楼阁。

所以孔子欣喜地回应子夏：“启发我的，是你啊，卜商！现在可以和你讨论《诗经》了。”此时孔子似乎忘记了自己教师的身份，完全沉浸在和弟子同学共修的欢乐之中。这样的头脑风暴，是师生智慧的对话，是师友心灵的沟通，这样的教学相长令人心仪神往、由衷敬佩。孔子对子夏的肯定与赞赏，仿佛不是在和小他 44 岁的学生说话，而是朋友之间在讨论、交流学习心得，真可谓“以文会友，以友辅仁”（《颜渊篇第十二》12·24）。孔门的率真、好学和平等的教学之风与师生情怀令人感佩。

孔子教学相长的教育意识和他的启发式教育思想是相通的。子贡、子夏有自己的思考和想法，主动向孔子询问，和孔子对话，其思维处在愤悱（积思求解）的状态，希望通过向老师请教、和老师讨论，获得自己更深的理解或新的发现。面对跃跃欲试、积极好学的弟子，孔子很欣慰，愿意和他们继续共同研究、探讨——“始可与言《诗》已矣”——因为他们能举一反三。

子曰：“不愤不启，不悱不发。举一隅不以三隅反，则不复也。”（《述而篇第七》7·8）

孔子的“启发式”和苏格拉底的“产婆术”，是东西方两大教育家教学智慧的精髓，至今仍焕发着鲜活的生机。“不愤不启，不悱不发”，意思是不到学生努力想弄明白而不得的程度不要去开导他，不到他心里明白却不能完善表达出来的程度不要去启发他。这既是教育的思想，又是教育的策略，希望学生在学习中发挥独立思考的主动性，当学生已经积极思考、探究问题、发现问题了，老师才有针对性地进行诱导、启发。教育，要在学生处于愤悱的积极状态下开始，才能激发、引导他们走上自我探寻、自我发现之路，以取得举一反三的学习效果。如果没有这样的状态，暂时不要直接回复、灌输，等他们有了自我探究的基础，再交流探讨。蔡元培说：“做教员的，不可一句一句，或一字一字的，都讲给学生听。最好使学生自己去研究，教员竟不讲也可以，等到学生实在不能用自己的力量了解功课时，才去帮助他。”学生自己研究了，经历了自主学习过程后，有了自己的思考、疑惑、处于愤悱状态时，才是教师开导、启发的最佳时机，为学生打开思路，指点迷津。在这种状态下，教师举其一，学生便可以反其三。经历了愤悱状态下的启发过程，教师在知识上可能有新的发现，在教学艺术、方法上不断丰富，学生也更有长进。这样的教学情境，不仅是知识的传授，更是师生间思想的交流、思维的碰撞。这就是教学相长、同学共进，还是心灵的互动、生命的交融。

四、师生共享

颜渊季路侍。子曰："盍各言尔志？"

子路曰："愿车马衣轻裘与朋友共敝之而无憾。"

颜渊曰："愿无伐善，无施劳。"

子路曰："愿闻子之志。"

子曰："老者安之，朋友信之，少者怀之。"（《公冶长篇第五》5·26）

前面是子贡、子夏向老师请教，这里是孔子主动问学生问题，两个弟子说出各自的志向后，子路接着请老师也说出自己的志向。由此可见师生间的融洽平等和沟通分享，教学相长亦蕴含其中。

颜渊、季路（即子路）都是孔子得意的弟子，也是与其感情深厚的弟子。一天，颜回、子路站在孔子身旁，孔子对他们说：何不各自说说自己的志向？与弟子们对话、沟通，就是孔子常态化的教育方式。

子路说："愿意把我的车马、衣服与朋友共享，用坏了也不遗憾。"可见其重友情，愿意和朋友共享生活并帮助别人。

颜渊说："愿意不夸耀自己的长处，不显示自己的功劳。"颜回本来就是个谦逊的君子，不会显摆炫耀自己。

孔子与两个得意的弟子一样，也分享了自己的志向，道出了自己的心声：我希望老年人能得到安逸，朋友间能诚信相待，少年儿童能得到关怀。孔子的意愿是老少皆乐、人人得到关爱，社会和谐，天下太平，体现了其仁德的核心价值。

师生三人，各言其志，虽然从各人的志向能看出不同的性格和追求，但是其价值观是一致的——关爱他人，胸怀天下。这样的相互分享、沟通，既是师生间的教学相长，又能相互影响和启发。

子贡曰："如有博施于民而能济众，何如？可谓仁乎？"子曰："何事于仁！必也圣乎！尧舜其犹病诸！夫仁者，己欲立而立人，己欲达而达人。能近取譬，可谓仁之方也已。"（《雍也篇第六》6·30）

子贡问曰："有一言而可以终身行之者乎？"子曰："其恕乎！己所不欲，勿施于人。"（《卫灵公篇第十五》15·24）

子贡问："如果有人广泛地给人民好处，又能帮助大家生活得很好，怎么样？可以说是仁德了吗？"这一问激活了孔子的仁德思想、民本意识——这哪里只是仁德，一定是圣德啊！就连尧舜也难以做到。在孔子看来，这是最高层次的仁德，达到“圣”的境界。可见孔子对天下民众多么关心，心怀天下的情怀多么强烈。而常态化的仁德，是从身边的小事做起，从自己做起，心中有他人，推己及人，自己要站得住，同时也使别人站得住；自己要事事行得通，同时也使别人事事行得通。前面，子路车马、衣服愿与他人分享，颜回不夸耀显摆自己，孔子“老者安之，朋友信之，少者怀之”，都是“己欲立而立人，己欲达而达人”。孔子自己“学而不厌”就是己欲立欲达，“诲人不倦”就是己立人达人。

“己欲立而立人，己欲达而达人”和“己所不欲，勿施于人”一样，是孔子的仁爱思想的“金规则”。前者从正面说，作为仁者心中要有他人，关心、帮助他人；后者从反面说，作为仁者心中要有他人，不干扰、伤害他人。博施济众，光有爱心还不行，还要有管理社会的权力资源。而每一个普通人虽然不能普施恩惠于民，但若“能近取譬”——从身边贴近日常生活的事情中领会仁道，“可谓仁之方也已”，也可以说是实践仁道的方法了。

孔子追求的理想，是由子贡的提问激活了思维而产生的。子贡的提问带有自己的独立思考，有一定深度。因为弟子的触发，孔子寻幽入微，对仁德精神的认识更清晰、精深，自然生成了“立人”“达人”“勿施于人”的“仁爱”思想，微言大义。这就是教学相长，相得益彰。

子路曰："卫君待子而为政，子将奚先？"

子曰："必也正名乎！"

子路曰："有是哉，子之迂也！奚其正？"

子曰："野哉，由也！君子于其所不知，盖阙如也。名不正，则言不顺；言不顺，则事不成；事不成，则礼乐不兴；礼乐不兴，则刑罚不中；刑罚不中，则民无所错手足。故君子名之必可言也，言之必可行也。君子于其言，无所苟而已矣。"（《子路篇第十三》13 · 3）

子路率性刚直，经常向老师提问，有时还指出老师的错误，而孔子欣然接受。可谓胸襟宽广，蕴含着"有教无类"的为师之道，有益于不同个性学生的成长发展，更有利于提高自己的修养。在与各具特色的学生多角度的沟通、辨析中，孔子激活了自己的思维，深化了自己的思想，教学相长也就蕴含其中。

子路问："假如卫出公等待您帮他治理国政，您将先做什么呢？"孔子说："一定纠正名分，让它符合礼法规则。"子路刚直的脾气表现出来，咄咄逼人，和老师较劲，说："可以这样吗？您太迂腐啦！怎么正名呢？"孔子只能先责备子路："粗野啊，仲由呀！君子对于自己不懂的事，会采取暂时存疑的态度。"

孔子、子路是师生，也像一对可爱的冤家，师生间争辩经常上演。这样的师生关系在今天看来仍然有情有趣。有时候学生挑刺、反问，反而激活老师的思维，进而产生独特的思想和创意。在子路的刺激下，孔子一气呵成，对“正名”做出了深入且逻辑严密的阐释。他说：“名分、名称不符合礼法、事实，言语就不能顺理成章。言语不能顺理成章，事情就做不好。事情做不好，规范的礼乐制度就建立不起来。礼乐制度建立不起来，刑罚就不公正。刑罚不公正，民众就手足无措、无所适从。因此，君子确定的名称或者取得的名分，必须符合礼法、事实，能表达清楚；说出来的话，必须可以执行、操作。君子对于他说出的话，没有含糊、马虎就好了。”

孔子用顶针的修辞手法将“名”“言”“事”“礼乐”“刑罚”“民”串联起来，一气呵成，势如破竹，回应了子路的不屑和嘲讽。“民”是为政的最终目的，这是孔子一以贯之的思想；“事”“礼乐”“刑罚”是为政的关键措施；“名”“言”是为政的策略和手段。这一段话，体现了孔子高超的语言艺术、深刻的仁政思想和严谨的逻辑思维。

这样的教学相长故事饶有谐趣。孔子的思想灵感，或许有时源于弟子的发问、质疑，但与他平时锲而不舍的好学、博学和学思合一的思想积淀是分不开的。教学相长意识强的老师，一定会为了教好学生而坚持学习，不断提升自己的知识水平和思想高度。孔子为了“诲人不倦”，自己“学而不厌”，这就是教学相长的内在动力。

子适卫，冉有仆。子曰：“庶矣哉！”

冉有曰:“既庶矣,又何加焉?”曰:“富之。”

曰:“既富矣,又何加焉?”曰:“教之。”(《子路篇第十三》13·9)

孔子到卫国去,冉有驾车。当时一个国家的人口众多,说明该国民众相对安居乐业。一路上,看到卫国人头攒动,孔子赞叹说:“卫国人口真多啊。”冉有问:“人口已经众多了,还要什么呢?”孔子回应:“让他们富裕起来。”冉有继续问:“已经富裕起来了,又要做什么呢?”孔子回答:“教化他们。”旅途中,老师坐车,学生驾车,师生俩对话其乐融融。弟子善问,夫子妙答;冉有求教心切,孔子应答精妙。从教育方式的角度看,这是特定情境化的随机教育,往往得到意外的收获。这样温馨的对话场面令人心仪,师生互动,教学相长,双方受益,其乐融融。

旅行途中看到的情况,孔子一句平常的感叹,却引起了弟子的发问,而且一问到再问,这是学习中的审问意识。听到老师感叹人多,冉有很敏感地关注到民生问题:人口虽多,如何关注老百姓,让他们生活得幸福、安康呢?孔子的回答“富之”“教之”,反映了人类社会管理、发展的永恒主题,也就是我们今天说的物质文明建设、精神文明建设两手都要抓。在孔子看来,治国之最高目的,不仅是物质条件的富有,同时还需要精神道德的升华。师生一问一答,言简意赅,意味深长。孔子和弟子们的沟通、共享,无处不在,无时不在,随机点化,可见其教育的高明之处。

孔子的逻辑，也是管仲的逻辑——“仓廪实则知礼节，衣食足则知荣辱。”（《管子·牧民》）人在改造外在世界的同时，还要改造自身的思想精神，优化自己的心灵。教育贯穿于人类社会历史的全过程，只是不同时代教育形式、方式不同而已，有了基础的物质保障，更要加强教育、教化，提升民众的个人素养。进行精神文化建设，这是为政者必须具备的强烈意识。精神文化建设基础越厚实，物质文明成果越能得到保障，人类未来的前途才会越来越美好。

我们现在的物质文明大大丰富，精神文化建设、品德教育还需要追求更高的层次和水平。邓小平同志曾经指出：“整个教育事业必须同国民经济发展的要求相适应。”邓小平同志这里说的教育和孔子说的“教之”的“教”一样，是广义的社会、民众教育、教化，而不单指学校教育、家庭教育。孔子面向社会、全民的“教之”意识，是中国优秀文化复兴的点睛之笔。

从上面《论语》里的这些章节，我们感受到了孔门“教学相长”的生动故事和教育智慧，但《论语》里没有“教学相长”这个词。“教学相长”出自后来的《礼记·学记》——“学然后知不足，教然后知困。知不足，然后能自反也；知困，然后能自强也。故曰：教学相长也。”学生的学习成长离不开教，教师自身的发展、教育能力的提升，离不开与学生共同学习的教育情境和互动过程。从上面《论语》里孔子和弟子对话、沟通、互学的故事，可以推想，《礼记·学记》里“教学相长”的观念，可能就是从孔子、孔门之教获得的启迪。孔子“教学相长”的教育思想和策略值得我们当下的教育人学习和借鉴，真正的教育必然是“教学相长”，师生共同得到收获和发展。

第六篇：师生情浓

一、师 生 谐 趣

二、孔 颜 深 情

三、爱 生 如 子

四、师 恩 难 忘

教育既需要理性、客观地面对不同的学生，也需要从情感上关心学生，与学生有心灵的沟通，让学生认同、喜欢、尊敬老师。师生之间如果没有感情的融合而存在心理的障碍，无论教师的教学水平有多高、能力有多强，其教育教学的效果也会大打折扣。教育的过程既是师生互动、同学共进的过程，也是心灵沟通、情感交流的过程。从前面“善学乐教”“因材施教”“寓教于评”“躬行而教”“教学相长”的教育教学角度，我们已经感受到孔门师生的浓浓深情。而孔子和弟子们生活相处的师生真情也同样让人感动，同样体现了孔子的教育智慧和美德。

作为教师，孔子既有严肃认真、兢兢业业的文化知识教学，也有和弟子们平等对话、和睦相处的生活教育。亲其师，信其道，浓郁融洽的师生感情，是达成教育目的的基础，也是教育人应有的价值追求。师生之情，不仅是单纯的感情，还是情感和理性的融合，既需要师生互爱，又需要遵循教育规律，为学生健康成长提供德、智、体、美、劳全面发展的条件和基础。孔子与门人相处，真诚、谐趣、理性，其行为就是对弟子们润物无声的诱教。子曰：“二三子以我为隐乎？吾无隐乎尔。吾无行而不与二三子者，是丘也。”（《述而篇第七》7·24）孔子“无隐”的表现是“行”，其思想品德就体现在自己的为人处世之中。

也许有些弟子不注意探求行为之道，只专注文章之学，所以孔子以“无行而不与”启发提醒他们。向老师学习，向他人学习，有时候观其行为可能更重要。孔子是言传身教的典范，他提醒弟子们，老师的教不仅仅在语言的讲述，还在日常的身体力行。这一点在“躬行而教”里，我们已经有了具体感受。

师生之间感情深厚，教育的价值会更高，教育的效果会更好。孔子和弟子间和谐融洽、如坐春风般的师生关系，使之成为中华传统文化中“师徒如父子”的楷模。

一、师生谐趣

作为孔子早期的弟子，子路几乎一生追随着老师，就是到大夫家做事，也常常去拜见老师。子路个性刚直，很豪爽，遇到自己不满意的事经常会口无遮拦地指出，即使面对老师也是这样。师生之间既有感情，又有矛盾，这才是真实的师生关系。面对经常诘问他的弟子，孔子偶尔会幽默风趣地和他开开玩笑，表现师生关系既有情趣、理趣，又有谐趣，这样，师生长期相处才不那么单调、刻板而无味。

子曰：“道不行，乘桴浮于海。从我者，其由与？”子路闻之喜。子曰：“由也好勇过我，无所取材。”（《公冶长篇第五》5·7）

这个小故事，我们从还原生活的角度进入语境，可以想象孔子和他的得意门生子路开了一个玩笑，通过开玩笑好像夸子路，其实是逗子路玩。孔子说："我的主张不能施行，我想乘木簰，漂浮到海外隐居。跟随我的，恐怕只有子路吧？"其实，"浮于海"只是孔子的一时感慨，发发牢骚而已，绝不会付诸行动。因为孔子是"知其不可而为之"的人，他 55 岁的高龄，还坚持周游诸国 14 年，希望实现自己的思想主张，怎么会"乘桴浮于海"，做一个隐者呢？"从我者，其由与？"这既是对子路的信任和了解，更说明了他和子路的亲密关系。子路脾气率直，"闻之喜"，老师信任他，他就十分开心。"由也好勇过我，无所取材。"这是孔子对子路勇敢的赞扬，不过用的是谐趣的口吻：子路的好勇精神超过我。子路是孔子学生中最英勇的武士。其实孔子本人也很勇敢，否则岂能以 55 岁的高龄周游列国 14 年？如果当时真的"乘桴浮于海"，是要有勇敢精神的。孔子调侃子路之后，说："可惜没有地方找到木材（材料）来做木簰（桴）。"就像我们现在和小朋友开玩笑说："你想爬上月亮吗？可惜没有那样的梯子。"对"无所取材"，历来有几种不同的解释。杨伯峻先生解释道："仲由这个人太好勇敢了，好勇的精神大大超过了我，这就没有什么可取的啊！"孔子是个富有情趣的人，经常跟学生开玩笑。如果他经常跟学生板着脸，老是一本正经，哪会有那么多学生长时间追随他呢？下面是孔子与子路又一次富有谐趣和理趣的对话。

子之武城，闻弦歌之声。夫子莞尔而笑，曰：“割鸡焉用牛刀？”

子游对曰：“昔者偃也闻诸夫子曰：‘君子学道则爱人，小人学道则易使也。’”

子曰：“二三子！偃之言是也。前言戏之耳。”（《阳货篇第十七》17·4）

言偃，字子游，名列“孔门十哲”之“文学”科，曾在鲁国边境小城武城做县长。孔子带着一帮弟子来武城，子游出城迎接。还未进城，就听到音乐悠扬，歌声阵阵。孔子微微一笑，对大家说：“杀鸡用得着宰牛的刀吗？”意思是这小小的地方，用得着小题大做吗？“弦歌之声”，是子游通过礼乐活动进行文化教育。孔子听了暗自高兴，为弟子子游得到他的真传、重视礼乐教化而开心。他莞尔而笑，以反问的语气调侃子游，是有意地正话反说。这是孔子说话的艺术，也是为了引出子游的话，听他的回答。我们可以想象，弟子们听了老师这样说，一定都笑了。子游说：“过去听老师说过：‘君子学习仁义礼乐的道理，就能爱护人；小人学习仁义礼乐的道理，就便于管理，遵纪守法’。”子游真聪明，用老师的话回应老师的疑问。孔子听了当然开心啊。于是，孔子对身边的弟子们说：“子游说得对呀！我刚才那句话是跟他开玩笑的啊。”师生之间心有灵犀，诙谐幽默，其乐融融。

孔子幽默风趣，在对话中既和弟子开玩笑，又讲道理、表达思想，从《论语》里师生诸多对话的故事中都能体会到孔子的这种教育艺术。细细体味，可以感受他们师生间的情趣。孔子与弟子们相互尊重，平等相处，感情和睦，以表扬、激励学生为主，但对极少数学生也进行批评教育。当然，孔子对学生的批评教育是关心、帮助学生的真情流露，而不是为了批评而批评，更不是为了发泄愤怒。

二、孔颜深情

哀公问："弟子孰为好学？"孔子对曰："有颜回者好学，不迁怒，不贰过。不幸短命死矣，今也则亡，未闻好学者也。"（《雍也篇第六》6·3）

子曰："回也，其心三月不违仁，其余则日月至焉而已矣。"（《雍也篇第六》6·7）

子曰："贤哉，回也！一箪食，一瓢饮，在陋巷，人不堪其忧，回也不改其乐。贤哉，回也！"（《雍也篇第六》6·11）

颜回学习刻苦、用功，人品优秀，经常受老师表扬，深得孔子喜爱，可惜40岁时，在孔子去世的前两年离世。

在孔子看来，什么才是真正的好学？从孔子说话的语气，可以感受到他对颜回早亡的深深惋惜和好学之人难得的慨叹。孔子评价颜回“好学”，不仅仅指学习文化知识，更指学做人做事、修身养性的功夫。这对我们当下的教育仍然富有启示：学习不仅要学文化知识，同时还要学做人做事，立德方可树人。“不迁怒”，不拿别人出气；“不贰过”，善于反省，不犯同样的错误。这样的好学，其实是品行的修为。颜回的志向是“愿无伐善，无施劳”，不夸耀自己的好处，不表白自己的功劳。

颜回的好学注重躬身实践，提升修养，所以才能“其心三月不违仁”“一箪食，一瓢饮，在陋巷，人不堪其忧，回也不改其乐”。仁，已经成为他坚守的行为方式，长期不会背离；乐，成为他的自觉追求和精神常态。所以能“不违”“不改”。正所谓“富贵不淫贫贱乐，男儿到此是豪雄”（宋·程颢）——这是一种坚守，也是一种英雄气概。

在孔子看来，颜回的品行已经达到了贤德的层次。“贤哉，回也”这是孔子对颜回情真意切的高度评价和赞扬，也是希望弟子们向颜回学习，提升自己的人品。孔子评价、表扬颜回，以教诲其他弟子。除了这三章，孔子还说过：“语之而不惰者，其回也与！”（《子罕篇第九》9·20）“惜乎！吾见其进也，未见其止也。”（《子罕篇第九》9·21）“告诉他（道理）了，不懈怠去做的，只有颜回吧！”“我只看见他不断进步，从未看见他停止。”孔子饱含深情地赞扬颜回坚韧、笃行，勤奋好学、矢志不移，为的是激励弟子们以他为榜样，自强不息、锲而不舍，在人生的道路上不断追求进步，做更好的自己。这样的师生情感里蕴含着孔子“循循然善诱人”的教育智慧。

孔子不仅希望弟子们以颜回为榜样，自己对颜回的德行也由衷敬佩，有时甚至忘记了自己是他的老师。有一次和子贡对话，他说子贡不如颜回，自己也不如颜回（见《公冶长篇第五》5·9），大概是觉得颜回的安贫乐道已经超过了自己。当然，也许是和子贡开玩笑。

所以颜回去世，让孔子悲痛欲绝。他哭得很伤心，近乎哀嚎：“天丧予，天丧予（老天要我的命啊）！”人在最悲痛的时候才会向老天呼告。这样的师生情深，古今罕见！人生难得一知己，唯有弟子颜回能和老师心灵相通——面对纷扰的世界，孔子“发愤忘食，乐以忘忧”；颜回“一箪食，一瓢饮，在陋巷，人不堪其忧，回也不改其乐”。这就是后世学人欣赏、向往的“孔颜之乐”。而唯有“乐以忘忧”，才可以“一以贯之”地坚守心中的人间正道。面对离世的颜回，孔子的痛哭是心声的自然流露。弟子提醒孔子说:“老师，您过于哀伤了。”意思是希望老师节哀、保重身体，而孔子却说:“我真的悲伤过度了吗？不为这样的人伤心，还为什么人伤心呢？”孔子与颜回的感情和颜回在孔子心中的分量，我们都可以从这些话中深深体味。

虽有这样至深至浓的师生情感，但当颜渊的父亲请孔子卖掉车子为颜回做棺椁时，孔子却没有答应。“颜渊死，颜路请子之车以为之椁。子曰:‘才不才，亦各言其子也。鲤也死，有棺而无椁。吾不徒行以为之椁。以吾从大夫之后，不可徒行也。'”（《先进篇第十一》11·8）因为车子是孔子作为大夫身份最后尊严的象征，又因为他的儿子孔鲤去世后，埋葬时也是有棺无椁。而弟子们要厚葬颜回时，按理说，孔子应该支持，至少默认。因为颜回是他最喜欢的学生；又因为不用他出钱；还因为颜回生前一贫如洗，厚葬是对他的补偿，也在情理之中。可是，孔子仍然坚持自己的礼制规范。“颜渊死，门人欲厚葬之。子曰：'不可。'门人厚葬之。子曰：'回也视予犹父也，予不得视犹子也。非我也，夫二三子也。'”（《先进篇第十一》11·11）孔子似乎自责地说：“颜回看待我像父亲一样，我却不能看待他像儿子一样。这件不合礼的事不是我做的，是你们学生干的。”对于礼，孔子注重的是人的诚敬之心，而非形式；孔子主张尊重生活现状，而非不切实际。儒家虽然提倡厚葬，但要求“称家之有无”（《礼记·檀弓》），即办理婚、丧等事不可过奢或过俭。颜回家境贫寒，厚葬既不符合礼法，又违背家庭现状。对于自己的儿子，孔子没有厚葬；对亲如儿子的颜回，孔子也不同意厚葬。

这反映了孔子一贯的言行一致、以身作则的品格。孔子的处世之道体现了情与理的圆融。孔子对颜回是真的欣赏，对他的死是真的悲恸；但是，该守的规矩还要坚守。这是情理的协调，兼顾个人情感和社会礼制。

三、爱生如子

父母赐给子女生命，抚养子女成长，但子女思想的启蒙开悟，精神生命方向的引领，老师的作用更大。真正的老师可以成为一个人精神或为人品行上的“父母”。古代教育者、受教育者大多数是男子，师生的情谊亦如父子之间的情感。孔子不管人贫富、贵贱等差别，都平等对待、一视同仁，只要有弟子上门，他都给予教诲。关心、呵护学生应该是为师之道的基础，孔子对所有的弟子都充满真情，尽心竭力，诲人不倦。在孔子心里，颜回就是他的儿子。孔颜情深，胜过父子之情；对其他弟子，孔子的关爱亦如父子。

子谓公冶长，“可妻也。虽在缧绁之中，非其罪也”。以其子妻之。（《公冶长篇第五》5·1）

公冶长，字子长，孔子的学生，齐国人，生卒年不详。《论语》中提到他，仅此一处。

公冶长虽然坐过牢，但孔子认为不是他的罪过，还把自己的女儿嫁给他为妻。孔子这样视生如子的行为，体现了他对受到挫折的弟子关怀备至，既是对公冶长人品的肯定，又是对弟子的真心关爱和呵护。为师者应该像孔子一样，对特殊的学生予以更多的关怀。

子谓南容，“邦有道，不废；邦无道，免于刑戮”。以其兄之子妻之。（《公冶长篇第五》5·2）

孔子对人的宽容之心是广阔的，这是教育人的情怀和心态。他说弟子南容国家有道时，他不被废弃，能出来做事，可以养活家小；国家无道时，他能保护自己，免于刑罚。对这样知进退、明哲保身的弟子，孔子愿意把侄女嫁给他，表现了宽阔的胸襟和对学生的亲情。

陈亢问于伯鱼曰：“子亦有异闻乎？”

对曰：“未也。尝独立，鲤趋而过庭。曰：‘学诗乎？’对曰：‘未也。’‘不学诗，无以言。’鲤退而学诗。他日，又独立，鲤趋而过庭。曰：‘学礼乎？’对曰：‘未也。’‘不学礼，无以立。’鲤退而学礼。闻斯二者。”

陈亢退而喜曰：“问一得三，闻诗，闻礼，又闻君子之远其子也。”（《季氏篇第十六》16·13）

陈亢，陈国人，孔子的学生。他怀疑孔子私下里给自己的儿子与众不同的教育，因此向孔子的儿子伯鱼打探：“在你父亲那儿，你听到过不一样的教导吗？”伯鱼回答说：“没有。有一次他独自站在庭中，我快步恭敬地走过去，他问：‘学诗了吗？’我回答：‘没有。’他说：‘不学诗，说话缺乏说服力。’我便回去学诗。又有一天，他又独自站在庭中，我快步恭敬地走过去，他问：‘学礼了吗？’我回答说：‘没有。’他说：‘不学礼，没有立足社会的依据。’我便回去学礼。我只听到过这两件事。”陈亢回去高兴地说：“我提一个问题得到三个收获，知道了关于诗的道理，知道了关于礼的道理，又知道了君子不偏爱自己孩子的道理。”我们已经知道，孔子对弟子们学诗、学礼的教育非常重视，《论语》里孔子多处和弟子们讨论，引导弟子们学习诗、礼。从这个故事可知，孔子教育儿子和教导弟子是毫无差别的，教育的对象没有亲疏，不分轩轾，一视同仁。

陈亢得到孔鲤的回答，他非常高兴。他是带着疑团去探听的，现在疑团没有了，还“问一得三，”有了意外的收获，知道了孔子教弟子无异于自己的儿子，没有偏私，具有大仁爱之心。父母与自己子女的伦理亲情，无疑是不可代替的。但就教育而言，不应该偏私。在孔子的心里，所有弟子都和他的儿子一样，对他们的关心、教育是老师的应尽之责。

四、师恩难忘

孔子学问渊博，品德高尚，诲人不倦，循循善诱，爱生如子。这样的师者，一定会得到弟子们的尊重和敬仰，将永远活在弟子们的心中。教育人的欣慰和幸福，就在于成为学生的良师益友，让自己永远留在学生的心中。孔子成为至圣先师，既因为他个人的思想、智慧、品德，也离不开弟子们对他思想的传承、弘扬和对他人品的高度赞扬、传播，体现了师生情深，其中蕴含的孔子的教育智慧和杰出成就，值得我们细细品味。那么，留在弟子们心中的是怎样的孔子呢？

子温而厉，威而不猛，恭而安。（《述而篇第七》7·38）

孔子和弟子们同学共修，一路同行，给弟子们留下了深刻、美好的印象：温和而严厉，有威仪而不凶猛，庄严而安详。这是弟子们对孔子人品、形象凝练的评价和描述。“温而厉，威而不猛，恭而安”十个字，让孔子立体、生动的形象宛在眼前。“温而厉，威而不猛”，是弟子们说孔子对人和对事的态度、风采；“恭而安”，是说孔子内在的自我修养功底。“温”“威”“恭”，树立了气质非凡的形象；“厉”“不猛”“安”，与“温”“威”“恭”相融，使孔子形象更加丰满。弟子们用这十个字，表达了他们心中对这样一位良师益友的崇敬，让读者感受到孔子充满中和之德、仁爱之心的真实形象。

孔子为什么能在弟子们心目中树立高大、庄严的形象呢？除了杏坛讲学，更多的是因为孔子平时和弟子们一起的日常生活行为，给他们留下了深刻、美好的印象。

“子食于有丧者之侧，未尝饱也。”（《述而篇第七》7·9）弟子旁观，孔子和戴孝的人一起吃饭，总吃不饱。这是同情之心、恻隐之心和恭敬之心的表现。

“子于是日哭，则不歌。”（《述而篇第七》7·10）弟子注意到，孔子在这一天吊丧哭过，就不再唱歌。尽管孔子好音乐爱唱歌，但是感受了他人的悲伤之后，推己及人，则不急着去表现自己的爱好。

“子在齐闻《韶》，三月不知肉味，曰：‘不图为乐之至于斯也。’”（《述而篇第七》7·14）孔子在齐国听到《韶》的乐章，很长时间尝不出肉味，说：“想不到欣赏音乐竟到了这种境界。”弟子感受到，孔子陶醉于音乐之中，全身心投入，浑然忘我，进入“心忘”之妙境。这种享受，不是肤浅的感官愉悦，而是心灵之乐、精神之乐，一种对尽美尽善音乐的恭敬，一种欣赏音乐的安然舒泰。

“子所雅言，《诗》、《书》、执礼，皆雅言也。”（《述而篇第七》7·18）弟子听孔子在诵读《诗》《书》时，在主持礼仪时，都用高雅、通行的语言，而不用方言，表现了孔子对文化的尊重。

“子与人歌而善，必使反之，而后和之。”（《述而篇第七》7·32）弟子发现，孔子和别人一起唱歌，觉得唱得好，一定请他再唱一遍，然后自己又和他一起唱。弟子体会到，孔子沉浸于歌曲之中，对音乐那么恭敬，而且那么好学、乐学。“知之者不如好之者，好之者不如乐之者”，孔子的教育首先是指向自己，自己学了做了，有了感悟，再去教诲学生。

以上诸章，都是弟子们对孔子日常生活行为的记忆和描述，而不是孔子说的话。初期，有些弟子还怀疑孔子——“二三子以我为隐乎？”后来，和孔子朝夕相处后，弟子们相信孔子——

确实“吾无行而不与二三子者。”（《述而篇第七》7·24）这些孔子丰富多元生活的观察，让一个可敬可爱的师长形象留在了他们心中。弟子们为什么永远忘不了老师？是孔子的谆谆教诲，更是孔子的处世人品以及与弟子们之间的真情。孔子的教育除了言传，还蕴含在自己的行为之中。他和弟子们一起的生活举止，即是润物无声的身教。正因为孔子和弟子们情同父子、甘苦相依的师生情谊，其“温而厉，威而不猛，恭而安”的生动形象才深深地刻印在了弟子们的心上，且自然付诸笔端，千古流传，永垂不朽。

颜回是孔子最得意的门生，他对孔子的赞美，既表达了对老师的敬佩，又体现了孔子的教育思想和智慧。

颜渊喟然叹曰：“仰之弥高，钻之弥坚。瞻之在前，忽焉在后。夫子循循然善诱人，博我以文，约我以礼，欲罢不能。既竭吾才，如有所立卓尔。虽欲从之，末由也已。”（《子罕篇第九》9·11）

这是颜回对孔子的赞叹。“喟然叹曰”，深深地慨叹，心悦诚服。颜回对老师的赞叹分两层。第一层赞老师其人其道——“仰之弥高，钻之弥坚。瞻之在前，忽焉在后”——老师的人品和学问，越是仰望，越觉得高耸；越是努力钻研，越觉得深邃；如神龙见首不见尾，看着好像在前面，忽然又到后面去了。尽管颜回是孔门最好学的弟子，但他也不能完全掌握、理解老师的学识和思想，可见孔子之道的高远深邃。第二层赞老师的为教之道——老师教学循序渐进，善于诱导学生渐入佳境；用文献开拓我的视野，用礼仪规范我的行为，让我主动探究到想停却停不下来的地步。我已竭尽全力，但仍然像有座高山立在面前。孔子的教学重在激发学生的兴趣和学习欲望，挖掘学生的潜能，让学生享受学习的快乐。我们可以想象，颜回真的达到了孔子希望的境界——“学而时习之，不亦说乎？”“知之者不如好之者，好之者不如乐之者。”颜回感受并提炼出孔子循循善诱的教法，至今仍然是至高的教育策略。

最后，颜回感叹——“虽欲从之，末由也已”——要想追赶老师，达到老师的高深境界，却找不到可循的路径啊。颜回的感受，照应了开头他描述的老师的形象——“仰之弥高，钻之弥坚”。

从学问、思想的角度看，颜回肯定赶不上老师。但是，从师生情感上看，孔颜情义深切，心心相印，情同父子。颜回赞扬孔子，既表现了对老师的尊敬，也表现了对老师的深切理解。同样，孔子夸奖“贤哉，回也”，既是对弟子的表扬，也是对弟子的深入的理解。人生难得一知己，他们彼此理解，也互相激励，互相学习。后世人提出并探究“孔颜之乐”，可见其师生关系的亲密和交流。师生关系的最高境界，就是“教学相长”，情深义重，成为人生知己。孔颜的亦师亦友堪称后世教育人的楷模。

孔子去世后，弟子们相互切磋、承前启后，阐发老师的教诲，引导孔门后学学习体悟，以传承、弘扬孔子的道义和思想。当月亮隐去，群星依然闪耀。孔子不在了，他的弟子弦歌不辍，薪火相传。孔子与日月同光，载入了中华文化的史册，万世留存。这是教育人孔子最大的荣耀和欣慰。

《子张篇第十九》是《论语》里特殊的一篇，没有“子曰”了，都是孔门弟子之言，但其中仍然闪耀着孔子的思想光辉和人格魅力。本篇所言为孔子的五位弟子：子张、子夏、子游、曾子、子贡。前四位为孔子的晚年弟子，得益于孔子生前的循循善诱、不倦教诲，他们继续进德修业、各立门户、传道授徒，影响渐大、声望渐高。孔子去世后，子张独立招收弟子，宣扬儒家学说，是“子张之儒”的创始人。“子张之儒”列儒家八派之首。子夏在魏国的西河教学，就教育而言是孔子弟子中成就最大的。子游文学功底很好，极力推行礼乐教化，是南方孔子学说的传播者。曾子成为孔子孙子子思的老师，他把孔子的思想和学问授之以徒，和其他弟子一起将孔子的言行整理成《论语》，上承孔子之道，下开思孟学派，对孔子的思想一以贯之，在儒学发展史乃至中华文化史上亦占有重要地位。孔子去世后，子贡名声已经显赫，他是诸弟子的兄长，领袖同门，传扬师道。其他弟子为孔子守丧三年，子贡为老师守墓六年。守孝期间，子贡在孔子墓旁种上楷树，象征孔子为“万世楷模”。弟子们这样的行为和业绩，就是不忘师恩，推崇师道。

叔孙武叔语大夫于朝曰：“子贡贤于仲尼。”

子服景伯以告子贡。

子贡曰：“譬之宫墙，赐之墙也及肩，窥见室家之好。夫子之墙数仞，不得其门而入，不见宗庙之美，百官之富。得其门者或寡矣。夫子之云，不亦宜乎！”（《子张篇第十九》19·23）

叔孙武叔在朝廷上对大夫们说：“子贡比仲尼更强些。”子服景伯把这话告诉了子贡。子贡说：“就用围墙作比喻吧，我家围墙只有齐肩高，从墙外可以看到里面房屋的美好。我老师家的围墙有几丈高，找不到大门进去，就看不见里面宗庙的雄美、房屋的富丽。能够找到大门的人或许太少了。所以叔孙武叔先生那样说，不也是自然的吗？”

别人说自己强于老师，子贡没有沾沾自喜，也没有直接反驳，而是用很有艺术的比喻手法将孔子“数仞之墙”的高不可及和自己“及肩之墙”的有限高度对比，自然得出结论：我子贡不如老师高尚，既是对老师的赞美，也是自己的谦逊。子贡这一形象生动的比喻，后世衍化成一幅富有韵味的对联：宫墙数仞，不得其门终外望；砥平直矢，能由是路即中行。

叔孙武叔毁仲尼。子贡曰：“无以为也！仲尼不可毁也。他人之贤者，丘陵也，犹可逾也；仲尼，日月也，无得而逾焉。人虽欲自绝，其何伤于日月乎？多见其不

知量也。”（《子张篇第十九》19·24）

而当叔孙武叔直接诋毁孔子时，子贡就不像上文那样委婉含蓄了，而是针锋相对。子贡说：“不要这样做！仲尼是不可诋毁的。他人的贤能，好比丘陵，还可以逾越；仲尼，就好比日月，是无法逾越的。一个人即使想自绝于日月，对日月又有什么伤害呢？只显出他不自量力罢了。”子贡以丘陵、日月作比，来反讥叔孙武叔的不自量力，以此维护老师的尊严和形象，弘扬人间正道。

孔子在世时，子贡已经感受到老师温、良、恭、俭、让的优秀品质，对他心悦诚服，尊崇备至。孔子离世后，子贡更把老师推崇为众所仰望的日月之圣人，为早期儒学思想的传播起到了奠基固本的作用。

弟子们学有所成、各有建树，反映出孔子的教育功力和智慧；弟子们众星拱月，敬爱老师，弘扬孔子的思想，彰显了孔子对中国传统思想文化的杰出贡献，体现了孔门的师生情浓、心灵相通。

第七篇：立德树人

一、为学之本，立德修身

二、追求仁德，成为君子

三、君子谋道，涵养气质

四、君子戒畏，思以去蔽

孔子“因材施教”“寓教于评”“躬行而教”“教学相长”等教育智慧和策略，为学生的个性、特长发展奠定基础和提供丰富的资源，其核心是以品德培养为根本，修身、做人、做事、做学问融为一体，是名副其实的全人教育、素质教育。

子曰：“德之不修，学之不讲，闻义不能徙，不善不能改，是吾忧也。”（《述而篇第七》7·3）

立德树人是孔子毕生追求的教育目的和价值。这既是孔子对自己的提醒和激励，也是对弟子们修身养性的重视和担忧。担忧为的是警示自己，锤炼自己，不断提升自己的品德并教化弟子们。孔子所说的这四点，就是他追求的教育内容，其重点为品德修炼。关于学问的就一点，“学之不讲”，“讲”在古代是研究、商讨的意思。其他三点担忧都指向个人的品行——品德有没有培养好，听到道义的事能不能跟从去做，做错了事能不能改正。孔子最大的教育梦想就是将弟子们培养或教化成人，在孔子看来，为师者最大的责任就是立德树人。

子曰：“志于道，据于德，依于仁，游于艺。”（《述而篇第七》7·6）这是孔子的教育主张和价值引领，他希望通过教育，让弟子们以道义为志向，依据仁、德，像游学、交往一样，在实践活动中学习六艺——礼、乐、射、御、书、数。孔子的这一教育主张，又是以道德为根本和基础，体现了德智体美劳的全面发展和知情意行的统一，是全人教育的理念。

子以四教：文，行，忠，信。（《述而篇第七》7·25）

从弟子们接受教育的角度，他们认为孔子之教在四个方面："文"指文化知识，"行"指社会生活实践，"忠"指忠诚，"信"指诚信。孔子这"四教"，还是以德育为重点，除了学习古代的诗书礼乐等文献，还要以日常行为体现自己忠诚和信用的品德。孔子特别重视道德能力的形成和落实于行动的道德实践，而不仅仅停留在道德理论言说的层面。

立德树人是孔门教育的宗旨，孔子恭敬而坚守之，他教诲弟子们关注自己的内心世界，像颜回那样"其心三月不违仁"，注重做人、做事、做学问有机结合的外在行为。孔子希望培养的是胸襟宽广"坦荡荡"、有才能实干笃行"敏于事"、道德修养高"文质彬彬"的君子。

教育的理想追求，是以立德树人为本，引导每个普通人向贤人学习，修身养性，使大家不断进步，使整个人类社会的精神文化不断向上提升、向前发展。

一、为学之本，立德修身

在孔子看来，教育的本质即培养人的品德和为人。“学”是孔子教育的核心思想，学的思想、价值和方法贯穿整部《论语》。孔子的学习哲学，不是单一的知识学习，其内容、价值指向做人、做事、做学问的和谐统一，指向生命的精神成长，成就德才兼备的完美人生。

子曰：“弟子，入则孝，出则悌，谨而信，泛爱众，而亲仁。行有余力，则以学文。”（《学而篇第一》1·6）

孔子明确提出其学习内容、立德的价值取向——为人处世之德行乃弟子为学之本。学生要孝顺父母，敬爱兄长，说话谨慎，言而有信，和他人友爱相处，亲近有仁德的人。做到这些，还有剩余的精力，就用来学习文化知识。“入则孝，出则悌，谨而信”重在学做事，“泛爱众，而亲仁”重在修身、学做人。当然，修身与做人、做事是分不开的。孔子的这一教育思想在当代仍然具有价值，让学生在实际生活中学会做人、做事，既形成能力又培养品行。

而“行有余力，则以学文”是孔子强调学会做人、做事的重要性，品德培养比学文重要，道德实践比知识学问重要，学会为人处世是生命成长的基础。

子夏曰："贤贤易色；事父母，能竭其力；事君，能致其身；与朋友交，言而有信。虽曰未学，吾必谓之学矣。"(《学而篇第一》1·7)

这是子夏对上一章老师"学"的思想的理解和阐释。他说："对妻子，重品德，不重容貌；侍奉父母，能竭尽全力；为君主做事，能尽职尽力；和朋友交往，言而有信。这样的人，虽说他没有学习过，我一定说他是学习过的人。"

承接孔子的思想，作为弟子的子夏所说的这几个方面——尊能奉贤，对内对外尽心竭力，与人交往讲究信用——皆是为人处世应具备的品德。

子夏的话可能容易引起人们的误解，以为读书学习不重要。其实这里子夏只是从品德培养的角度强调为学的根本，但并不否定其他的学。子夏曾说："博学而笃志，切问而近思，仁在其中矣。"(《子张篇第十九》19·6)意即广泛地学习并坚守志向，恳切地提问并多思考当前的事，仁德就在其中了。显然，子夏这里说的学，不止于笃行，同时也重视"博学""切问""近思"，以达到"知行合一"的目的，形成仁德。

子曰："君子不重，则不威；学则不固。主忠信。无友不如己者。过，则勿惮改。"(《学而篇第一》1·8)

关于君子修行的态度，孔子讲究"重"。这里的"重"，可以理解为“慎重、踏实”。一个人慎重、踏实做事，实实在在做人，自然会在他人面前产生威信，而不是靠表面的庄重；一个人不慎重、不踏实，学习的效果当然不牢固。现在的学习离得开慎重、踏实的态度吗？如果想成为君子或者做具有君子品格的人，做人、做事的态度还需要以忠诚、信用的品德为主。“无友不如己者”，不可简单地理解为“不和不如自己的人结交”，而是“没有不如自己的朋友”，意指要见到每个人的长处。交友如同拜师，“以友辅仁”，向高于自己的人学习，追求学习的高境界。

“过，则无惮改。”有了过错就不要怕改正。人无完人，人总会犯错误，但有些人为虚荣所困扰，面对他人往往文过饰非，不能勇于认错。这样的态度，虽然可以暂时保住自己的面子，但对自己的进步和成长不利。因此，孔子提醒作为君子或希望成为君子者，要直面错误，敢于承认错误，勇于改正错误，在不断改错的过程中，人的素养才能不断提升。在这方面，孟子曾树立了一个正面典型——“子路，人告之以有过，则喜。”（《孟子·公孙丑上》）子路的勇敢，不仅体现在他是位武士，更体现在其勇于改过的精神，值得我们学习。

子曰：“君子食无求饱，居无求安，敏于事而慎于言，就有道而正焉，可谓好学也已。”（《学而篇第一》1·14）

孔子在前面“学”的基础上，引出了“好学”。孔子的学不只是“知”，还是“好”和“乐”，也就是他说的“知之者不如好之者，好之者不如乐之者”。(《雍也篇第六》6・20）如果进入这样的学习境界和状态，是何等的高雅和美好！

这里好学的主体是君子，指品格修养高的人。孔子从四个方面阐释这样高品位的人的好学：第一，吃饭不求满足；第二，居住不求安逸。这两方面是说对物质生活不要过高追求，否则就不能全身心投入学习并达到好学的境界。这方面的典范是颜回——“一箪食，一瓢饮，居陋巷，人不堪其忧，回也不改其乐”。(《雍也篇第六》6・11）第三，做事敏捷、主动，不拖拉；说话谨慎，不失信于人。这一点照应前面，即学的根本和基础是做人、做事。第四，接近道或有道之人，以使自己走在做人、做事的正道上。学习的最终目的是做正人、走正道，这才是真正的好学。这样的好学，就是具有积极主动的学习意识和自主成长的意志，追求为人处世的优秀品德。

“道”是中国传统文化核心理念之一，亦是孔子的核心思想之一。孔子说:“吾道一以贯之。”“道”“德”相辅相成、相互促进，道侧重于为人道义、思想，德侧重于行为规则、规范，就是孔子说的“志于道，据于德”。《论语》里孔子多处言“道”，其中蕴含的就是为人之道的品德，值得细细品味。

二、追求仁德，成为君子

孔子思想品德教育的本质是仁、义，综合素养是礼、乐、智、信、恭、宽、敏、惠的行为规范，其标志是以“君子”为美称的理想人格。君子是道德修养高尚的人，其内涵则以仁为核心品质，是孔子教育理想的人格追求，也是他培养学生的目标。孔子道德精神的价值都蕴含在他理想的君子言行之中。要成长为君子，必须接受教育。《论语》里很多章节孔子所说的君子言行举止或对君子的评价，就是对弟子们的教诲和引导，其背后含蕴的是内在仁德修养，从中可以领悟孔子仁德品行教育的内涵。

古代的君子和小人，从身份上说，君子指有地位的君主，小人指普通百姓、没有地位的人，这里不带有道德判定的意思。从道德上说，君子指自身道德修养高尚的人；小人指修养不够、有道德缺陷的人。

《论语》里的君子、小人大多数是从道德方面来说的。从能力、职业的角度看，君子、小人，大才、小才，各有所用，人格平等。大人做大事，小人做小事，社会上什么事都要有人做，关键在于各得其所，尽展其长。对于无关乎品德的所谓“小人”，孔子并不鄙视。他认为自己小时候还是“小人”呢——“吾少也贱，故多能鄙事”（《子罕篇第九》9·6）。

从道德精神的角度，孔子将君子、小人相对而论，如“君子上达，小人下达”“君子坦荡荡，小人长戚戚”，是用对比的修辞手法，强调道德精神对人的意义和价值，让弟子们在比较中明晰优劣，辨别是非，获得深刻的理解和感受。在《论语》

里孔子多处将君子和小人放在一起比较，谆谆教诲弟子们向着君子的风范修炼自己，避免沦为品德低下的小人。

子曰："富与贵，是人之所欲也；不以其道得之，不处也。贫与贱，是人之所恶也；不以其道得之，不去也。君子去仁，恶乎成名？君子无终食之间违仁，造次必于是，颠沛必于是。"（《里仁篇第四》4·5）

这段话孔子提出了君子的生活追求，就是仁。孔子说："富与贵，是人人都向往的，但如果不通过正当的途径得来，君子是不能安享的；贫与贱，是人人都厌恶的，但如果不通过正当的途径摆脱，君子是不会摆脱的。君子离开了仁，还名副其实吗？君子没有吃完一顿饭的工夫（"终食之间"，即一顿饭的时间）违背仁，遇到紧急情况仓促之间一定不违仁，陷于困境颠沛流离一定不违仁。"这样的君子就是孔子的道德理想——"里仁为美"。作为君子无论任何境界都处于仁，无论任何时候都安于仁，就像颜回那样"其心三月不违仁"。

对君子而言，仁是无条件的。这里孔子把对待富贵贫贱的态度，作为衡量仁的标志，体现仁的依据。富贵乃人之所欲，贫贱乃人之所恶，这是生活中不能回避的话题。孔子认为追求富与贵，必须因道义而得之；摆脱贫与贱，也必须以道义而去之。孔子并非反对人追求富贵、摆脱贫贱，而是强调"道义"是其前提和底线。正如他对自己所说的"不义而富且贵，于我如浮

云”。(《述而篇第七》7·16)

子曰:“质胜文则野，文胜质则史。文质彬彬，然后君子。”(《雍也篇第六》6·18)

“质”，朴实无华、自然无修饰;“文”，文采，经过外在修饰，赏心悦目;“野”，粗鲁、鄙野;“史”，虚浮;“彬彬”，搭配均衡、恰当。这是孔子引导弟子们处理好质朴与文雅的关系，文质平衡，让两者恰如其分，既不要过于修饰、夸耀，也不要忽视必要的文采，方可成为“文质彬彬”的君子，既有内在充实的品德，又有外在斐然的气质。

子曰:“君子博学于文，约之以礼，亦可以弗畔矣夫!”(《雍也篇第六》6·27)

孔子告诉学生，做一个君子，要广泛地学习古代文献，提高文化修养，拓宽视野，深化自己的思想，再用礼节来约束自己，也就可以不违背道义了。“博学于文”，求知也，“约之以礼”，践行也，知行并进，不离正道;“博学于文”，文也，“约之以礼”，质也，“文质彬彬，然后君子”。

颜回感叹老师对他的教育——“博我以文，约我以礼”(《子罕篇第九》9·11);孔子也曾对儿子伯鱼说“不学诗，无以言”“不学礼，无以立”(《季氏篇第十六》16·13);孔子还对弟子们说过“兴于《诗》，立于礼，成于乐”(《泰伯篇第八》8·8)。

“文”“礼”是孔门教育的主要课程，体现了孔子立德树人的教育价值和理想。

子曰：“君子坦荡荡，小人长戚戚。”（《述而篇第七》7·37）

“君子坦荡荡，小人长戚戚”是孔子对君子、小人的评价，也是他对自己和弟子们的期许和要求。作为君子，应当有平坦宽广的胸怀。小人才会心胸狭窄，患得患失，时常忧愁，局促不安。孔子的这句话已穿越时空，成为自古以来关注精神追求的人们勉励自己的嘉言箴语。

子曰：“君子成人之美，不成人之恶。小人反是。”（《颜渊篇第十二》12·16）

孔子说：“君子成全人的美善，不促成人做坏事。小人则相反。”这里的君子、小人指为人的品行，表现其心胸的宽窄与境界的高低，体现他如何对待他人、处理人与人的关系。“成人之美”就是“坦荡荡”的君子，“己欲立而立人，己欲达而达人”；“不成人之恶”就是“己所不欲，勿施于人”。

君子以“成人之美”为乐，故心胸“坦荡荡”；小人“成人之恶”，故内心“长戚戚”。“成人之美”，己亦美之；“成人之恶”，己亦恶之。“成人之美”，亦是修养自身。

子曰：“君子和而不同，小人同而不和。”（《子路篇第

十三篇）13·23）

“和”，有差异的和谐、包容，如同五味的调和、八音的和谐；“不同”，不盲目认同、附和。“同”，没有差异的一致，迎合；“不和”，不和融。

孔子认为，君子作为“和”者，心胸坦荡，崇尚道义，认同矛盾的存在，注意不同观点的协调，既包容别人，又坚持自己的独立性，不盲目附和；而小人作为“同”者，为追求小利，不能从大局出发，只是盲目附和。君子“和而不同”，必然“坦荡荡”；小人“同而不和”，必然“长戚戚”。

孔子这样指出君子和小人的差别，是提醒弟子们为人处世要讲究度量和人品，不要苛刻而独断专行，大家可以各抒己见，但需要共同合作，把事情做好。

子曰：“君子泰而不骄，小人骄而不泰。”（《子路篇第十三》13·26）

君子内心坦荡荡，故能安详舒泰而不骄傲；小人心里长戚戚，故而骄傲而不安详舒泰。这是孔子描述的君子、小人在品性、修养上表现出来的心态、气象。和上一章参读可知，君子的“泰而不骄”体现的是和融的气度，小人的“骄而不泰”反映的是一种偏激心理。

一个有品德的贤才，举止安详、大方，不炫耀、不傲慢，此乃君子风范；一些人有点本领便傲慢自负，言行猥琐、拘束，就是小家子气。孔子曾对子夏说："女为君子儒！无为小人儒！"做"泰而不骄"的君子，是孔子对弟子们的期望。

子曰："君子上达，小人下达。"（《宪问篇第十四》14·23）

君子向上，通达仁义；小人向下，追求财利。这里的"上""下"并无高低荣辱之分，只是每个人的人生定位不同而已。

孔子还说过："君子喻于义，小人喻于利。"（《里仁篇第四》4·16）这里的"君子""小人"可以是指身份，而不是指道德。"君子"，就是国君等领导者；"小人"，就是普通的人。作为社会的统治者、组织者、领导者，关注的是社会的组织、管理，更多的是以"义"行事。而普通人，关注的是自身的生存，当然考虑利。"喻于利"，并不是道德问题。在社会规定允许的范围内，"喻于利"并没有错，也不应该受到指责。孔子说出的事实，是不同人有不同的分工和生活定位，并没有贬低"小人下达""小人喻于利"的意思。

前面几个章节孔子把君子和小人做对比，是希望弟子们修养君子的品行，避免小人的不良品德。他不是鄙视小人，而是对弟子提出高要求，希望、勉励他们做"上达""喻于义"的君子，为天下太平、百姓安康做出更大的贡献。

而从道德的角度看，"君子上达"就是君子不断向上，苟日新、日日新，追求道德的完美，永远走在生命成长的路上；"小人下达”就是没有追求、不思进取、沉沦于低俗愚昧。

子路问君子。子曰：“修己以敬。”

曰：“如斯而已乎？”曰：“修己以安人。”

曰：“如斯而已乎？”曰：“修己以安百姓。修己以安百姓，尧舜其犹病诸？”（《宪问篇第十四》14·42）

子路问老师怎样算是君子，从孔子的回答可以看出，这里的君子应该指具有高尚道德精神的管理者、领导者。孔子回答：“修养自己，严肃认真地做好事情。”子路接着问：“像这样就是君子了吗？”孔子又回答：“修养自己，让身边的人安乐。”子路又问：“像这样就是君子了吗？”孔子最后答道：“修养自己使天下百姓安康。这一点就是尧舜也没有完全做到的吧？”

孔子回答子路怎样算是君子，其实是讲修养自身道德的三种境界、三个层次。这三个层次，就是“修身”“齐家”“治国平天下”。作为一个君子、一名领导者，道德的基础和起点是修养好自己的身心；进一步就是以自己的道德修养管好一个家、一个团队、一个单位，服务好周围的人；道德的最高理想和最终目标，是管理好国家，造福天下百姓。在孔子看来，君子不只是美好的名称，道德不只是空洞的境界，一切道德修养都体现在是否有益于他人。这是孔子仁爱思想的核心和立德树人的宗旨。

子曰：“志士仁人，无求生以害仁，有杀身以成仁。”

(《卫灵公篇第十五》15·9)

在孔子看来，仁是最高的道德，仁的价值超过生命。孔子的思想是多元的，普通人面对现实，正常生活好就行，就像南容“邦有道，不废；邦无道，免于刑戮”，孔子可以认同，并把侄女嫁给他。但作为仁人志士，需要有至大至刚的一面。

孔子对生命很珍惜，颜渊、伯牛两位弟子因病早逝，他十分伤心。但他认为，不能为了求生而损害仁，反而要舍弃自己的生命来成全仁。这一份担当很沉重，有时需要献出自己的生命。《左传》记载：春秋时齐国的大夫崔杼杀死了齐庄公，当时的史官太史伯就在史书上记录下“崔杼弑其君”。崔杼要求太史伯将这件事情改写成齐庄公是自己病死的，太史伯坚决不同意，崔杼无法改变太史伯的意志，就杀死了他。太史伯的弟弟太史仲、太史叔也是史官。他们都不顾崔杼的威胁，先后在史书上记录下“崔杼弑其君”，两人也先后被崔杼杀了，老四太史季就接替了史官一职。崔杼还是希望太史季能听他的，但太史季依旧宁死不屈，提笔写下“崔杼弑其君”。崔杼绝望了，不得不放了太史季。为了在史书上写下“崔杼弑其君”这五个正确的字，太史兄弟不惜生命，慷慨赴死。这就是“杀身以成仁”。这是孔子心中君子、士、仁人最高的道德境界。

孔子尊重弟子们的人生选择，但希望弟子们追求“志士仁人”的境界。这始终是孔子对君子、士人的期望。“君子”这一美称不是孔子的原创，但他给“君子”注入了更丰富的伦理道德的人格内涵。

三、君子谋道，涵养气质

君子是孔子理想化的人格范型，也是他教书育人的目标。《论语》里孔子谈论君子约40章，《卫灵公篇第十五》直接论及君子人品、气质的有9章，是《论语》里论君子品德最多的。这些言论是孔子立德树人教育心声的流露。

子曰：“君子义以为质，礼以行之，孙以出之，信以成之。君子哉！”（《卫灵公篇第十五》15·18）

在孔子看来，君子的气质应以道义为原则、根本，然后以礼节行事，与人交流言语谦逊，以信用成事。具有这四项品行，就是君子啊。

孔子教诲弟子，君子之质：义、礼、逊、信。

子曰：“君子病无能焉，不病人之不己知也。”（《卫灵公篇第十五》15·19）

孔子说：“君子只担心自己没有才能，而不担心别人不知道自己。”君子不仅要有自己的道德坚守，还应该有实际才干，能够干一番事业，也就是古人所说的“三立”：立德、立功、立言。

君子干事业出自内心的精神追求和动力，而不是为了获得别人的称赞和外在的荣誉。这是君子的宽广胸襟和深厚气质。当然，一个人真有才能、有品德，别人终会了解，自己不必担心。

修炼好自身是孔子常常提醒弟子们的，他说过“人不知，而不愠，不亦君子乎”“不患人之不己知，患其不能也”“不患人之不己知，患不知人也”“不患莫己知，求为可知也”。

孔子教诲弟子，君子之质：立志修炼，不患人之不己知。

子曰：“君子疾没世而名不称焉。”（《卫灵公篇第十五》15·20）

孔子这语句中的“称”，一般解释为“称述”“称颂”，但我们可以理解为“相称”。君子建功立业，不是为死后有人称赞，而是生怕自己碌碌无为有辱君子的美称，自己的实际作为与君子的名分不相称。

孔子告诫自己和他的弟子以及其他处于君子之位者，居君子之位，就得守君子之德，行君子之事，而非徒有君子之名。当然，无所建树、碌碌无为的人，死后很快就被人遗忘；而人品优秀、为人民做出过贡献、对社会有所建树的思想家、政治家、发明家、艺术家、企业家……不会被人们忘记。

孔子教诲弟子，君子之质：名实相符。

子曰：“君子求诸己，小人求诸人。”（《卫灵公篇第十五》15·21）

宋朝大文学家苏东坡，有一个知己佛印禅师。有一天，他们两个人在杭州同游，走到了天竺寺。苏东坡看到寺内的观世音菩萨像手里拿着念珠，就问佛印："观世音菩萨既然是佛，为什么还拿念珠？"佛印说："拿念珠也不过是为了念佛号。"东坡又问："念什么佛号？"佛印说："也只是念观世音菩萨的佛号。"东坡又问："她为什么要念自己的佛号呢？"佛印回答道："那是因为求人不如求己呀！"

大多数情况下，我们难以改变别人，却可以改变自己。在这个时代，我们需要通过积极地改变自己去影响别人，影响社会。每个人都变好了，整个社会也就变好了。孔子希望君子严于律己，磨砺自己，奋发上进，而非苛求别人。

孔子教诲弟子，君子之质：修养自身。

子曰："君子矜而不争，群而不党。"（《卫灵公篇第十五》15·22）

"夫唯不争，故天下莫能与之争。"（《老子》）"不争""不党"，尊重每个生命，怀有宽容之心、同情之心、慈悲之心。在孔子看来，庄重自尊而不争执、与人和睦相处而不结党营私是君子的境界和品位，也是君子的处世方式和生活智慧。

孔子教诲弟子，君子之质：宽容大度，克己奉公。

子曰："君子不以言举人，不以人废言。"（《卫灵公篇第

十五》15·23）

君子的智慧在于全面、客观、理性地看待人，听其言观其行，听其言辨其意。话语不足以成为判断人的唯一依据，人和言的关系复杂、有所不同，言论不一定能反映人的品性。好人可能说伤人的话，坏人可能说漂亮的好话，同一个人在不同情况下可能有好话有坏话。所以不能“以言举人”，也不能“以人废言”。

在孔子看来，作为君子不因为一个人说的话就肯定他、提拔他，也不因为不喜欢这个人或这个人的人品问题而否定他说的可能有价值的话。

孔子教诲弟子，君子之质：实事求是，辨言识人。

子曰：“君子谋道不谋食。耕也，馁在其中矣；学也，禄在其中矣。君子忧道不忧贫。”（《卫灵公篇第十五》15·32）

君子谋求的是道而不是谋求衣食。从事耕作，常常会有饥饿；致力学习，往往能得到俸禄。君子担忧的是能否学到道，并不担忧贫穷。

孔子并没有鄙视从事体力劳动者的意思。他以为，不同的人应该有不同的人生定位，为社会提供适合的服务，获得应有的生存资源。但君子为了天下太平需要担当更大的责任。他勉励弟子们追求更高的人生境界和更大的社会贡献。

君子通过学习，为社会发展提供了必不可缺的“道”，也应该从中获得应有的回报，也就是“禄在其中”。因此，君子“忧道不忧贫”，孜孜以求“道”；有了“道”，“贫”的问题自然解决了。

现在的教育，有的是实用主义的谋生教育。一切都为了眼前谋生，未必能谋生；不急功近利，通过深入学习终能成就事业，谋生也就不成问题。

孔子教诲弟子，君子之质：心存天下，忧道谋道。

子曰：“君子不可小知而可大受也，小人不可大受而可小知也。”（《卫灵公篇第十五》15・34）

孔子说：“君子不可以用小事情考验他，却可以让他承担重大使命；小人不可承担重大任务，却可以用小事情考验他。”这是孔子从人尽其才的角度定位君子的价值，其中亦蕴含了君子的气度和格局。其实，君子、小人，大才、小才，各有所用。大人做大事，小人做小事，关键在于各得其所，用人所长，避其所短。战国四君子养士数千，各色人等都有。孟尝君的食客中，既有冯谖这样的大才，也有鸡鸣狗盗之徒。冯谖帮助孟尝君经营“三窟”（赢得封地薛地人民的爱戴，恢复相位，在薛地立宗庙）；鸡鸣狗盗之徒在关键时候也能发挥作用。这里，孔子说君子的大气，但并没有否定小人。《论语》里孔子说君子、小人，有相对而论，如“君子上达，小人下达”“君子坦荡荡，小人长戚戚”；也有相比较而言，本章就是这样。

孔子希望君子可“大受”，是为了充分利用好人力资源，使社会发展得更好、更快。那时的社会，能做普通小事的人很多，但具有高境界、能做大事的人毕竟不多。贵族世代相传，不管他德才如何，都是领导者。士阶层的人和底层的百姓，也不乏出类拔萃之人，但参政行政很难。孔子办学施教，为的就是培养高层次的人才——君子，为社会的管理提供德才兼备的人才，以此提高整个社会的文化层次和文明程度。孔子曾对子夏说："女为君子儒！无为小人儒！"（《雍也篇第六》6·13）樊迟请学稼、学为圃，孔子说他"小人哉，樊须也！"（《子路篇第十三》13·4）孔子说樊迟"小人"，不是说他品德不好，也不是看不起"小人"，而是指出他境界不高，没有高远的理想和追求。

以上这几章合起来参读，有助于理解作为教育人的孔子的用心良苦。他为了培养人才，为了社会的发展和未来，追求高尚思想品德的高层次教育。

孔子教诲弟子，君子之质：格局高远。

子曰："君子贞而不谅。"（《卫灵公篇第十五》15·37）

"贞"，守信，不违背原则，可以变通；"谅"，固执于小信，不知变通。孔子从大局权变的角度讲君子的大度气质，权变不是为了私利、少数人的利益，而是为社会整体，为长远未来，灵活处理相关事宜。与"贞而不谅"相通，孔子说过"言必信，行必果"是"硁硁然小人哉"（《子路篇第十三》13·20）。

孔子教诲弟子，君子之质：守信而不固执。

君子，有坚定的信念追求，有一颗仁心，人品正直，胸怀宽阔，境界高远。

君子，是孔子自身修养的追求，也是其培养学生的愿景，更是其文化建设的梦想。孔子心中的君子，形象立体丰满：贞而不谅，矜而不争，群而不党；德行坚贞高尚：义以为质，杀身成仁；格局大气高远：忧道谋道，大受使命，名副其实；智慧卓越深邃：知言知人，反求诸己。

孔子树立的君子形象和人格，就是其立德树人教育高大完美的风标。

四、君子戒畏，思以去蔽

孔子的教育智慧丰富、教育思想深刻，其原因之一是他对人性、人的心理有深邃的洞察。面对人性的正向潜能，他激发弟子们的潜能，启发他们提升自我，面对人性的弱点，他用多种方法提醒、暗示弟子们，“过则勿惮改”“见其过而内自讼”。教师有了这样的意识和能力，因材施教、寓教于评、立德树人等育人行为才能落到实处。

当下的教育人在观察学生、了解学生、理解学生个性和心理这方面，应该提高专业能力和素养。除了从孔子等古代先师的言行中获得启迪，还要学习心理学尤其是儿童心理学等专业知识。只有掌握了学生的心理，把握了学生的个性，才能真正做好教育，教育人的独特价值才能在学生的成长之中体现出来。

孔子诱导弟子们，要成为有高品德的君子，需要“三戒”“三畏”“九思”以去蒙蔽。他根据不同年龄段的心理特征，提出“三戒”；从心理活动层次的意识层面，提出“三畏”；从思考、判断的心理认知过程，提出“九思”。孔子希望弟子们具有“戒、畏、思”的自我心理意识，自知者明，自觉地修养自己，追求成为品行优秀的君子。

孔子曰：“君子有三戒：少之时，血气未定，戒之在色；及其壮也，血气方刚，戒之在斗；及其老也，血气既衰，戒之在得。”（《季氏篇第十六》16・7）

孔子深知生命脆弱，易受伤害；道德不稳，易被影响。他提出君子“三戒”就是指点弟子们关心自己的生命，维护自身的道德。现在看来，这还是很好的养身之道、修德之路。“血气”类似于现代医学所说的内分泌激素荷尔蒙，也是心理活动的生理根源。少年人血气不成熟，心理不稳，如果不戒色容易伤身体；青年人血气方刚，心理容易冲动，如果不警戒争强好斗，可能伤害自己；到了老年时，血气衰弱，容易贪恋财物，如不警惕自己，可能不得善终。

如何警戒自己的“血气”，把控自己的心理，孔子的策略是“克己”——子曰：“克己复礼为仁。一日克己复礼，天下归仁焉。”（《颜渊篇第十二》12・1）。孟子说：“夫志，气之帅也。”“持其志，无暴其气。”以“志”帅“气”，也就是“戒”。让心志引导统帅而非放任自身的血气，才能体现君子的气质和品德。

孔子的教育还有未来意识，不仅提醒当下的年轻学子戒色、戒斗，还提示他们未来到了老年戒得。这样具有长远眼光的终身教育，值得借鉴。

孔子曰：“君子有三畏：畏天命，畏大人，畏圣人之言。小人不知天命而不畏也，狎大人，侮圣人之言。”（《季氏篇第十六》16·8）

孔子说过：“知者不惑，仁者不忧，勇者不惧。”（《子罕篇第九》9·29）“畏”“惧”常连用，都有害怕、恐惧的意思，但又有细微差别。“畏”，既有恐惧的意思，又有敬畏的意思。这里孔子讲的“三畏”，“畏天命”，就是对自然规律、法则的敬畏、对生命的敬畏；“畏大人”，即对大德之人的敬畏；“畏圣人之言”，就是对圣人留下的于人类有益、引导人类向上的优秀文化的敬畏。君子为什么会“有三畏”？因其“知天命”，而小人不知天命不可违，所以不敬畏它，轻视大德之人，轻侮圣人的言论。在《论语》末篇尾章，孔子说：“不知命，无以为君子也。”只有知天命了，才能是君子；而“知”天命了，才能“畏”天命。知，乃畏之根柢。

因为不畏天命，人类生活的环境遭到破坏，天空灰蒙了，河水污浊了，土地荒芜了。因为不畏大人、圣人之言，我们的社会里有人心性迷乱，有人精神颓丧，灵魂无所归依。现在社会上有些人无爱，所以冷漠；无耻，所以缺德；无畏，所以不择手段、无所不为。“三无”其实也就是“不知天命而不畏也，狎大人，侮圣人之言”。社会上“三无”的人越多，社会出现的问题就会越多。

孔子的“三畏”道德精神教育，具有普世价值。当下的思想道德法制教育，就需要让学生明白，人总要有所敬畏。一个没有敬畏之心的人，是可怕的，往往会肆无忌惮、为所欲为、无法无天，成为危害他人和社会的害群之马。

孔子曰：“君子有九思：视思明，听思聪，色思温，貌思恭，言思忠，事思敬，疑思问，忿思难，见得思义。”（《季氏篇第十六》16·10）

这里的“思”都是考虑、辨析的意思，为的是使自己的思想、行为清楚、明晰，光明正大地为人处世。看的时候，要考虑是否看明白了；听的时候，要考虑是否听清楚了；脸上的表情，要考虑是否温和；容貌态度，要考虑是否庄矜；说话，要考虑是否诚实；做事，要考虑是否严谨；有疑难，要考虑如何请教别人；发脾气，要考虑会有什么后果；见到名利，要考虑是否符合正义。

孔子说君子的“九思”是面对生活细节的行为和态度，类似于现在的日常行为规范。他希望弟子们在日常生活中，以君子的风范，通过思辨明白其真相，看到其本质，让自己不因糊涂陷入困境，保证自己的言行不违背仁义道德。如此思而行的过程，就是修养不断提升的过程，使自己的感觉更敏锐，理智更深刻，情感更纯粹，品德更高尚。

孔子对弟子们培养君子品德的教育考虑周密，细致入微，要求严格，既有思想精神层面的“三畏”立本要求，又有操作层面的“三戒”“九思”修养路径。要成为道德高尚、“文质彬彬”和境界高远、“坦荡荡”的君子，需要坚持修炼精进，存心养性，永远走在仁义之道上。这就是孔子教书育人、立德树人的理想和智慧，对现代教育仍然具有价值。一些学校如上海复旦五浦汇实验学校以“人生教育，君子养成”作为教育理想和目标，值得学习和借鉴。

结语：后生可畏，学无止境。

优秀而有气度的教师，一定希望学生将来超越自己，“青出于蓝而胜于蓝”是教育人的欣慰和自豪。

子曰：“后生可畏，焉知来者之不如今也？四十、五十而无闻焉，斯亦不足畏也已。”（《子罕篇第九》9·23）

真正的教育人，对学生的成长一定非常关切，孔子希望弟子们成为德才兼备的君子，能对社会发展做出贡献。“后生可畏”是孔子对弟子们的勉励和企盼。社会的发展需要一代一代人的不断进步，需要每一代的前辈对后一代年轻人教育、引领，还有期待、重视，把美好的未来寄托在他们身上。“后生”将来如何成为“可畏”的人才呢？孔子既对后生们充满浓厚的感情和希望，又很理智地提醒后生，如果不努力进取、不断成长，到了四五十岁还默默无闻，未在有益社会方面做出贡献、产生一点影响，你的人生价值就没有实现，就不值得敬畏了。人生要有意义和价值，必须“发愤忘食，乐以忘忧”，像颜回那样“见其进也，未见其止也”，一分耕耘一分收获，有了不断进取的努力，人的修养才会不断提升，生命的质量才能越来越高。

孔子提出了“后生可畏”的愿景和希望，告诫弟子们要成为“可畏”的“后生”，必须生命不息、求索不止，否则“四十、五十而无闻”，也就“不足畏也”。

在孔子心里，“后生可畏”就是其立德树人的教育理想和向往；如何成为“可畏”的后生？孔子教诲弟子要有为人处世的优秀品格、严于律己的进取精神，成为品学兼优的贤士。

《论语》作为中国优秀传统文化的重要经典，其中蕴含着丰富、深刻的孔子教育思想和智慧。孔子的一生以“学”为核心，以“仁”为理想，追求成为一位学识渊博的学者，做一位立德树人的良师。孔子的教育人生可谓成就辉煌。他的师生平等、因材施教、教学相长等教育思想智慧值得我们学习；他的矢志不移、心怀敬畏、乐在其中的教育精神和情怀让人感动；他来源于自己生命体验而教诲、引导弟子们的肺腑之言，深入浅出、循循善诱、引人深思，如春风化雨，其真心诚意、诲人不倦，令人敬仰。

古罗马思想家奥古斯丁说:“大地是可见的，但是，若无光照，大地则不能被看见。对于可感知的太阳我们可以断定三件事：它存在，它照耀，它使对象成为可见的。”人类在晴天容易精神振奋，在阴天则容易情绪低落。天上有光，人才有精神、有神采。教育就是一个发光的过程，教师自己发光的同时，也让别人发光。孔子不仅是宣扬教化的木铎，更是一位善于发出知识之光、思想之光、精神之光的老师。这样的光，如同永恒的阳光，照亮了他的弟子，让弟子们也发出了光，照亮了更多的世人，照亮了中华文化的历史。让我们读《论语》，识孔子，悟师道，与经典同行，和先师为友，在孔子教育思想、智慧的光照下，发出自己的理性之光和心灵之光，做一个真正有智慧的教育人。

主要参考书目

［1］鲍鹏山.《论语》导读［M］.北京：中国青年出版社，2017.

［2］黄明喜.《论语》教育智慧品绎［M］.北京：高等教育出版社，2018.

［3］约翰·杜威，民主主义与教育［M］.北京：人民教育出版社，2001.

［4］凯伦·阿姆斯特朗.轴心时代［M］.海口：海南出版社，2010.

［5］怀特海.教育的目的［M］.上海：文汇出版社，2012.

［6］何伟俊.《论语》里住着的孔子［M］.增订版.桂林：广西师范大学出版社，2019.

后 记

经典向我走来

——《论语》品读经历和感悟

作为兴化市小学青年教师读书班的创建人和共学者，20多年来，我和读书班的老师、书友们一直行走在书香唯美的阅读旅程上，十几年来坚持细读、品味中国古代经典“四书”，以《论语》为重点。在坚持不懈、仔细品读的基础上，我撰写《论语》读书心得27万多字，出版的专著《〈论语〉里住着的孔子》被评为“中国教育报2015年度教师喜爱的100本书”之一。我多次为读书班学员、各学校教师讲述自己的《论语》品读感悟，经过反复细致品读以及与书友、同事分享，对阅读、品味经典有了比较真切的体悟。

20世纪60年代初期出生的我，从小学到初中、高中，除了几本描绘打仗的连环画和《毛泽东选集》，我没有读过任何课外书，更不用说古代经典。中师里学了古代汉语，读了古代文选，但是一直视阅读古典原著为畏途。“文化大革命”期间上小学，那时孔子不叫“孔子”，叫“孔老二”，是被打倒、被批判的对象。

现如今，孔子不仅站起来了，而且走出国门，走向世界，成为中国文化的一张闪亮名片。然而，对很多不了解孔子的现代中国人而言，他又是遥远、陌生，甚至古板、保守的。只有走进《论语》，才能发现一个性格率真、人品丰富的孔子。日本学者白川静说："我们在阅读《论语》时，不仅能想象到孔子的音容笑貌，也能捕捉到那不灭的精神。孔子唯有在《论语》里是活着的。"近十几年一再品读《论语》，我读出了自己心里的住在《论语》里的活生生的孔子。

2007年之前，我没想过阅读古典原著。在这个思想多元、文化激荡的时代，中国传统文化再次为当下社会所关注和重视，这才让我产生了阅读、学习"四书五经"的冲动。我想，作为教育人应该通过阅读、学习古代经典，对中国传统文化的价值做出自己的判断，才可以为学生传承中华优秀传统文化，承担起传播文化的教育人责任。基于这样的想法，我决定用细读文本的方法，认真品读四书:《大学》《中庸》《论语》《孟子》。2008年，我阅读了《大学》和《中庸》，分别写了1.6万多字和2万多字的读书笔记。2009年开始品读《论语》，经过5年细读，2015年2月，《〈论语〉里住着的孔子——一位普通教师的〈论语〉阅读笔记》，由广西师范大学出版社出版。2016年全年至2017年前三个月，15个月时间，我细读《孟子》，写下读书笔记20多万字。《孟子的理想国——一位普通教师的〈孟子〉阅读笔记》，2017年11月由广西师范大学出版社出版。近几年我持续品读《论语》，2019年9月，《〈论语〉里住着的孔子》又出版了增订版。为了彰显先师孔子的教育文化价值，2020年6月至10月，在原本整部《论语》解读的基础上，我围绕教育话题，从七个方面系统提炼了孔子的教育思想和智慧，写出10余万字的书稿——《〈论语〉里孔子的教育智慧》。

坚持不懈品读《论语》的经历让我感受到，经典需要反复读、终生读。屡屡细读《论语》，我思考更多，感受更深，震撼更大。近期阅读英国学者凯伦·阿姆斯特朗的《轴心时代》，更加认识到古代文化的永恒价值值得人类永远传承和弘扬。凯伦·阿姆斯特朗对孔子的价值追求和终极理想十分赞同。孔子的学习人生、智慧人生值得当下人们借鉴，具有优秀人品、天下情怀的孔子是人类永远的楷模。

一、细读文本，感受人心

作为一个中国人，作为一名教师，要想对中国的传统文化有所了解，有两种方法：一种是间接的了解，听别人讲，听别人介绍；另一种是直接的了解，回到原点，细读文本，得出自己的理解，形成自己的判断。

为了细读《论语》，我先读了三本书：蒙培元《蒙培元讲孔子》，李长之《孔子的故事》，李申《简明儒学史》。读过这三本书，我对2500多年前的孔子其人有了一些了解，在心里拉近了与孔子的距离，觉得他离我们不那么遥远了，感受到孔子是一个有魅力的人。起始的《论语》细读我以杨伯峻的《论语译注》为主要读本，参读李泽厚的《论语今读》，注重看注释，查《古汉语字典》等工具书，尽量弄懂字的原义、古义，参阅有关《论语》、孔子的其他书籍20多本，随时在书上相关章节旁记下自己的思考和批注。我把每一篇按内容归纳出几个话题，列出标题，写成读书笔记。随着细读的深入，孔子的形象在我心中逐渐丰满、鲜活起来。我仿佛成了孔子的私淑弟子，每天聆听着夫子的教诲，感受着先师的真情，穿越时空，和孔子结下了师生情缘。

我读《论语》用解读文本的还原方法，做到四个“回到”，即回到文本、回到语言、回到人心、回到生活，追寻属于我自己的理解和判断。从这个视角，又引发了我对另一个话题的思考——对中国传统文学评论的命题“知人论世”的思考。“知人论世”，现在通行的解释是了解一个人及其作品并研究他所处的时代。但我觉得此思路有点偏颇，甚至容易使人产生误解。其实，时代背景不是一个预设在那里的、虚空的环境，时代是由人组成的。哪有抽象的时代？过去，我们往往由时代去了解人，其实还有另外一条路径——可以由人去了解一个时代。孟子说得很清楚：“颂其诗，读其书，不知其人，可乎？是以论其世也。”其思路很明晰——读书而知人而论世。我读《论语》，想做一点突破——不为其时代背景所束缚，而是从文字出发、从语言出发，去感受孔子其人，走进那个时代。这也正好跟《论语》中孔子的话相符。孔子曰：“不知命，无以为君子也；不知礼，无以立也；不知言，无以知人也。”他最后一句话说得很清楚，意思是你不能理解语言的话，就不能理解一个人。德国哲学家海德格尔说过：“语言是存在的家。”这个“存在”，是指人，指人的思想、精神。我就是想从语言去琢磨孔子其人，感受他的思想情感和人格精神。

读书，即读人，读人心。我用心细读《论语》，仿佛走进了孔子的家，读出了有血有肉、有喜有忧的活生生的孔子。我发现了藏在《论语》里、语言里的孔子，藏在时间里的孔子，一个属于我自己的孔子，而不是概念化、符号化的孔子。孔子在我的心里复活了，其人品、人格让我感动。这是书缘、人缘，是美妙的阅读之旅。这样用心细读文本，是为了挑战自我，读出一点自己的思考、发现。

经典文本的细读品味也是验证我关于阅读的一个想法：我认为阅读有两种可能，一是“读过的书”，一是“读到的书”。读过的书可能很多，但很快就随着时光流逝烟消云散；读到的书不一定太多，所谓读到的书，就是作者或书中人物的思想、情感和人品、人格能够走到你灵魂中，留在你心灵深处。我想让《论语》成为我“读到的书”，而不是“读过的书”。在用心品读的过程中，才能有自己的感受，形成自己的理解。没有理解和感受的阅读，只是思想的空转。有时我们困惑：老师也好，学生也好，读了很多书，花的时间也不少，总觉得收获不大，问题在哪儿呢？是因为没有用心去领悟语言，感受语言背后的人心、人性、人情，没有把书读到自己的内心深处。言为心声，读到了作者、人物的心声，读到了自己的心声，才是真正的阅读。

二、分享交流，拾级而上

我细读的过程和方法，主要是一字一句地细读，一章一章地品读，一篇一篇地“融读”，整本书前后联系读，用文本解读的方法，梳理、归纳，一篇中提炼主题出来，再归纳成几个方面，列出小标题，把自己的思考记下来，最后写成一篇完整的读书笔记。到2012年10月，我已经写了《论语》前7篇的读书心得，每篇五六千字，最多的一万多字。到这个时候我陷入了一个困境——越往下读越觉得难写出属于自己的新发现。为了保证细读整本《论语》，我想到了一个倒逼自己把自己“卖出去”的办法——为老师们开设“《论语》与现代教育思考”系列讲座，讲完《论语》20篇，以此逼迫自己坚持细读、深读。有时下定决心的效果是意想不到的：读《论语》之前没想到能对《论语》有比较细致的理解和感受；阅读起步了，没想到能写出20多万字的心得；没想到能把20次讲座讲下来；最后没想到讲稿能出书。

从2012年10月27日起，我利用周六下午，三周左右讲一次，每次讲一篇，每学期五讲，四个学期讲完《论语》。听众是我主办的兴化市小学青年教师读书班、兴化市小学教师“心远”读书会、兴化市小学语文工作室的教师，自愿参加。为了按时开讲座，我必须在讲之前细细阅读思考，写好讲稿。二十个下午，我与三十多位青年教师结下书缘，每一次我都要感谢他们从各乡镇赶来，分享我的阅读心得和思考。2014 年 4 月 30 日下午是最后一讲。《论语》的阅读、交流像一场马拉松到达了终点。二十讲结束，我没有如释重负，反而是满心的不舍与留恋，希望温馨幸福的读书时光常驻心间。我静坐片刻，起身向各位老师深鞠一躬，说："一段段充实的时光，一次次难忘的分享，一程程思想的旅行，一场场幸福的对话，让我难忘并时时想起。因《论语》和孔子，我们结缘，感谢诸位青年朋友一路同行，感谢诸位书友的聆听和分享。"正是为了每次讲座，我看了更多相关的书，进行了更多的思考。思想是相互照亮的，看了别人的书，与他人交流，可以让自己的思考更丰富，获得的启发更多。

近些年，我多次与省内外不同学校的老师分享自己的《论语》阅读心得，经常朗读、背诵《论语》原文，继续阅读有关《论语》的相关文字、书籍，由此不断感受《〈论语〉里住着的孔子》中存在的问题和缺失。我决定重新细读《论语》，对原版本进行修改、补充，尽量把《论语》解读得更清楚、完整，如有理解不清楚之处则以存疑注明，以求少一点遗憾而对得起读者。2018 年 3 月起，我以钱穆先生《论语新解》为主读本，参读朱熹《四书章句集注》中的《论语集注》、吕留良《四书讲义》中的《论语》部分，分篇阅读，每读完一篇，修改、补充原书相应的篇章。2019 年 9 月，《〈论语〉里住着的孔子》（增订版）出版。

在完成了《〈论语〉里住着的孔子（增订版）》后，从 2019

年3月23日至2019年10月26日，我又利用十个周六的下午，为第八期读书班学员和李静名师工作室成员做了“《论语》里住着的孔子”的十场讲座，每次讲《论语》的两篇。有一位听过我第一次讲座的老师，这一次又听了。他认为这次的讲座比第一次更生动，更有深度和趣味。

自己坚持反复品读，加上与老师、书友分享，于我受益良多。第一，尽管花了很多时间、精力，但收获是丰富的，分享是快乐的；第二，能与同人交流并尽到一份传播文化的责任。叶嘉莹先生认为，“讲”就是一种传承。教师是文化人，教育的重要价值之一是传播文化，不仅仅是教知识。我讲《论语》，也有这么一个想法，就是尽自己小小的责任，能够把知道的、理解的传统文化与大家共享。第三，我也有一点私心，通过讲让自己思考得更深，品读得更细，收获得更多。因为有人听更能促使自己讲得更丰富、生动一些。正如美国教育家艾德勒在《如何阅读一本书》中说的：“你真想拥有一本书，你就把它讲出来。”开个玩笑，我讲《论语》，收获最大的不是听我讲的老师，而是我自己。

三、经典向我走来

这十几年阅读“四书”的经历让我体会到，读书可以先慢后快。读经典不要有畏难情绪，应当静下心来，慢慢地、细细地把一两本经典读通了，读透了，功底、基础打下去，再去读其他的经典，就没有想象的那么难，经典会向我们走来。正如日本教育家斋藤孝所说："多阅读经典，必然使得我们咀嚼理解文章的能力得到锤炼。换言之，可以获得一副'啃得动硬骨头的下巴颏'。有了这样一副给力的'阅读下巴'，哪怕文章多少有些艰深难解或者枯燥干巴，我们都可以读下去。"

我阅读经典的方法和感受有六点。

1. 整本细读。先全书整体浏览一遍，然后分篇一章一章地细读。每一章先一字一句地读下来，不理解的字，除了看注释，还要查看《古汉语字典》，弄清字的古义，避免望文生义，把有些字的读音、字义记在原文旁边。

2. 边读边思。理解大意后，再反复阅读，关注语言，联系语境，还原生活，串联自己已有的阅读积淀，细细琢磨，深入探索言外之意，领悟近言之远旨。有了一点想法和感受，及时记到书的上下或者边上。这样边读边想边记的过程，就像游览，看到一处引人注目的风景，就停下来欣赏、品味。

3. 笔记所思。一篇边读边思之后，再一章一章地梳理出主题，联系生活、现实进行阐释、评论，撰写相对完整的阅读笔记。写下来，"读过的书"才能成为"读到的书"，成为滋养思想和心灵的营养。

4. 整体提炼。挈领而顿，百毛皆顺。把全书前后每一篇章节整体联系、贯通起来思考、梳理、提炼、分析、感受、评论。我整体提炼出《论语》的核心价值——为学，为仁，为政；《孟子》

的核心价值——“仁义”。

5. 先慢后快：我从 2007 年到 2008 年，细读《大学》和《中庸》，写下读书笔记 3 万多字；从 2009 年到 2014 年，5 年时间细读仅 1 万多字的《论语》，写下读书笔记 15 多万字；从 2016 年全年到 2017 年前三个月，计 15 个月，细读《孟子》，写下读书笔记 20 多万字。从 2018 年 3 月至 10 月，重读《论语》，读书笔记增加了 12 万多字。

6. 主兼结合（主题阅读），广泛阅读，拓宽视界，思维碰撞，独立思考，深化理解。《论语》主读杨伯峻《论语译注》、钱穆《论语新解》，兼读朱熹、李泽厚、鲍鹏山等有关《论语》、孔子的论著 20 多本。《孟子》主读杨伯峻《孟子译注》，参读牟钟鉴、傅佩荣等人的相关书籍十几本。

经典如璞细琢磨，玉汝于成心宽阔。细读经典的过程，是提升理解力的过程，是丰富自己、感悟经典魅力的过程。教师，本来就应该是读书人。教育，根本是传播文化。经典，是文化的载体。教育人不读中华经典，是中国教育的遗憾，是中国文化传承的惋惜。“倘若一个人对世界上那些被视为基本修养的东西一无所知，那么不仅仅是他的修养成问题，恐怕就连他的人格都要遭到别人的怀疑。在人生的某一个阶段相对集中地接触一些经典，定可成为一笔宝贵的精神财富，让自己终生受用。”（斋藤孝：《经典的魅力》，武继平译，鹭江出版社，2016）

经典，常读常新；经典，读你千遍也不厌倦；经典，永远伴随、启迪读者；经典，如灯塔指明人间航程；经典，永远昭示天下正道……这是我对经典魅力的切身体悟。阅读经典，有时我们往往觉得很难，其实你真的把它打开读起来，就会发现不是你想象的那么难；只要打开这扇门，一定能进入经典的世界。经典，一定会向你走来。

何伟俊

2020 年 12 月 12日